地球が生まれ変わった時、
人類も変われるか

アース チェンジ

EARTH CHANGE

近未来の警告書

洪正幸 Omizu Masayuki

徳間書店

はじめに

人類が終末を迎えた後の未来を夢に見ました。

私はなぜか幼い姿をしていて、崖の縁に立ち、眼下に広がる景色を眺めています。そこには現代の私たちが知る建物とは違った、奇妙な建築物が地面から生えた竹の子のように並んで、都市が形作られています。その都市には〝新しい人類〟が住むことになっているようでした。

そこでは〝ある存在〟によって、現代人が滅びた後の地球で、新世界が建設されていたのです。新しい地球では現代の私たちの代わりに、新人類が誕生し暮らしています。ニューアースでは、新たな人類創生の物語が始まろうとしていました。

現人類は新しい地球＝ニューアースには移行できず、滅びてしまいました。その後、新しい人類の創生が始まるという夢でした。

この夢の真意は、後の章で詳しく説明いたします。


２０２０年から人類は、予言されてきた大患難の時代に突入しました。

みなさまもご存知のように、同年から新型コロナのパンデミックが起こり、世界的な混乱を巻き起こしました。日本でも何度もの感染の波が襲い、人々の生活も制限される時が続きました。

ですが、「それももう終わりに近づいた」と、安堵している人々も多いことでしょう。

しかし、人類の試練はこれから本番を迎えます。これで終わりではなく、これから本格的な厳しい時代に入っていくのです。

それは単にコロナのことばかりではありません。疫病の次には大恐慌、そして核戦争に大天災と、数々の危機が人類に迫ってきます。

おそらく大患難の時代は２０３７年に折り返し点を迎え、２０５０年まで続きます。それまで人類はさまざまな試練の時代を過ごします。

私たちは混迷の時代を生きることになります。しかし、その時代を抜けると、新たな希望の時代を迎えるのです。この試練の時を乗り越えていくために、本当に必要なことを本書では皆様にお伝えできればと思います。


これからの時代、私たちは覚醒して生きなければなりません。今後の人類の選択の時代に、もしも意識が目覚めずに、眠ったままでいるなら、未来の地球に移行できないかも知れないからです。

新しい地球＝ニューアースへ移行できなかった者たちは、地球に生まれ変われず、ほかのもっと波動の荒い、別な惑星に生まれ変わりを強いられる恐れもあります。

私たちの魂は、輪廻転生を繰り返していますが、それは地球だけでなく、過去には別な惑星から転生してきた魂が、寄り集まって地球霊界を作ってきたのです。私もみなさんも、かつては遠い星で、別な知的生命体として生きていた時代があったのです。

そして未来の地球では、高次の意識を持っている魂しか、この星での転生を許されず、低い意識のままの魂は、別な星の、地球より過酷で原始的な世界の星に、魂として集団移住させられるでしょう。

これから訪れる大患難の内容や、未来の地球について、さらに知りたい方は、この書の続きを読まれてください。本書は未来の地球への道先案内となります。

どうか多くの方が目覚めて、ニューアースに生まれ合わせることを願います。

はじめに、著者が何者かを知っていただくため、序章では、今までの私の人生の経緯をお話しさせていただいています。どのようにして霊的な感覚を持つに至ったか、これまで体験した不思議なビジョンのお話などを紹介しています。

そして第一章では、これまでの予言が現実となった出来事を紹介しています。本書を読まれる皆様に、実際に私の述べていたことが現実となったことをお伝えし、参考にしていただくために書かれています。

そのため序章と第一章は、興味のない方は読み飛ばしていただいて結構です。実際に未来に起こる出来事を書いた、第二章から読んでいただければと思います。

第二章では、これから2050年までに起こるであろう、数々の大災害の具体的な内容を記しています。かなりショッキングな内容ですので、心して読んでください。しかし、本書をよく読めば、希望の書となっていることも分かるはずです。

第三章では、これから訪れる地球の変革（＝アースチェンジ）の意味を説明し、さらに変革後の地球（＝ニューアース）への移行についても述べています。ニューアースへは、すべての魂が移行するのではなく、なかには移れない方も出てきてしまうからです。

「どうして移行できなくなるのか」「移行できない魂はどうなってしまうのか」「ニューアースへ移行するための魂の選別とは何か」についてもお伝えしています。

さらに第四章では、これから訪れる、光と闇の戦いについて述べています。何が人々を過ちへ誘導し、闇に落とそうとしているのか、その正体を暴いていきます。この章は、あなたを真実に目覚めさせるための、手助けとなるでしょう。

そして光と闇の対決は、この地球だけではなく、広く宇宙規模で行われていることもお伝えいたします。きっとあなたも壮大な宇宙の話に驚かれることでしょう。

第五章では、ヨハネの黙示録を中心とした、世界に残された数々の予言の真実を紐解き、これから起こる出来事を紹介します。さまざまな予言で示された日本から昇って来る希望の光について、福音をお伝えいたします。

そして最終章の第六章では、私たちが知るべき、本当に大切な真理について紹介させていただきます。この世の生だけではなく、その先には真実の世界が広がっていることを、皆様にお伝えできれば幸いです。

本書は単なる危機を煽るために書かれたものではなく、未来をより良い方向に変えていけることと、そして希望の光の到来を告げるとともに、人間にとって本当に大切な真理をお伝えできればと願い、祈りを込めて書き綴っています。

それでは、本書をお読みになり、あなたの未来へ向けた指南書としていただけることを願います。

目次

第1章

現実となった予言

第2章

これから人類に訪れる危機

第3章 アースチェンジの時代

第4章 終末の世に起こる光と闇の戦い

第5章 黙示録の時代と大いなる福音

第6章

今の時代こそ大切な霊的真理

装幀　山之口正和（ＯＫＩＫＡＴＡ）

序章

スピリチュアルの目覚め

❶ ある少年の見た夢

「神は言われる。終わりの日に、わたしの霊をすべての人に注ぐ。

すると、あなたがたの息子や娘は預言し、青年は幻を見、老人は夢を見る。」


（使徒伝2章17節）


その少年は夢を見ていた。

寝て見る夢ではなく、起きたまま見る夢。

その夢の中で少年は別な世界にいて、幸福感に包まれて生きている。周りには女神のような方たちが集い、少年に無条件の愛を注いでいた。

少年もその愛情を素直に受け入れ、喜びの中で無限の時を生きているようだった。

しかし、それはいつまでも続かず、すぐに現実世界に連れ戻されてしまうのだった。

そこから現実世界に戻るのは、まるで深海の重圧の中に舞い戻るような感覚である。

帰りたくないと願いながら、送り出された感覚を味わった。

少年は自分が今いる世界の方が、きっと夢なのだと思い、いつになったら目が覚めるのかと待ちわびていた。

少年は物を覚えるのが苦手で、学校へ行くようになっても友達の名前が覚えられなくて、いつも独りぼっちで過ごしていた。

家でも両親は共働きのため、独りで過ごす時間が長かった。

そしていつも空想にふけっていた。

授業中も上の空で、何より覚えることが苦手なため、いつも成績は学校の底辺を漂っていた。

ある日、先生が漢字の書き取りをさせた。クラス全員で、黒板に書かれた漢字を自分のノートに書きとり、一行に一つの漢字を何十回と書いていく。

そして終わったら、先生が「では、これから書き取った漢字のテストをします」と言ってテスト用紙が配られた。

クラスのみんなは今書き取ったばかりの漢字を、すらすらと書いていった。

そしてできた生徒からテストを先生に提出して、教室を出ていく。

しかし、その少年だけは、一向に答えが書けないのだった。

今しがた書いた漢字もすぐに忘れてしまい、どうしても思い出せないのだ。

先生は言った。「どうしてみんなはできるのに、あなたはできないの？」

少年も、自分でもどうしてできないのか分からなかった。恥ずかしさで黙ってうつむくしかなかった。

先生は呆れたように「もう行っていい」と、黙る少年を突き放すように言ったのだった。

少年はいつも宿題を忘れてきては、怒られていた。そのため自分はダメな子なのだと思っていた。

家へ帰っても、内向的な性格が父親とは合わず、「おまえは根性がない」「おまえはダメなやつだ」といつも言われ、自分でもそうなのだと思い込んでいた。

そうして少年は、ますます内面世界に浸るのだった。

朝起きて目が覚めると、今、自分が現実世界にいることに、ひどく驚かされた。

まるで仮想現実に生きていた人間が、突如として現実世界で目覚めさせられたような気持ちだ。

少年は目を覚ますと、しばし、奇妙な現実世界に生きていることに、戸惑いと混乱を覚えたのだ。

夢＝ビジョンの中にも確固とした世界があって、寝ている時にはそこの住人なのだが、目が覚めるともう一つの世界に呼び戻されてしまうような感覚である。

夢にはもちろん、荒唐無稽な世界も広がっているが、そこには懐かしい、魂のふるさとのような郷愁を感じる世界もある。

少年はやがて、その夢がただの作り物ではなく、現実とリンクした世界に通じていることを知る。

そして夢こそ現実であり、現実こそ束の間の夢であるという驚愕の真実に気付いた。

あなたも現実という仮想世界に生きていることを、やがて知るようになるだろう。

❷ 人間を夢見る、大人になった少年

少年であった私は、やがて成長して大人になり、普通のサラリーマンになっていました。満員電車に揺られ、都内の職場で仕事をし、そして残業後の暗い道をたどる日々です。

その頃には、だいぶ周囲と馴染んでいましたが、やはりどこか浮いた存在でした。何か話しかけられても、はじめの言葉が出にくく（おそらく軽度の吃音と思いますが）、喋るのが苦手なため、なるべく短い文章にして考える癖がついていたので、他人との会話がぎこちないのです。

そして子供の頃から、周りの子にできることが自分にはできず、周囲から怒られたり叱られたりを繰り返していたため、自分に自信を持てない人になっていました。

自分自身に劣等感を持ち、そのため対人恐怖症となり、人と満足に話すこともできず、心を開いて友達を作ることもできませんでした。

そして私は、周りの人々とは関心のありかが、大きく違っているのを感じていました。周りにいる人達は、恋愛のこと、お金のこと、仕事のこと、お酒やギャンブルなど、現実の世界の物事に関心を寄せています。しかし、どうしても私はそうしたものに関心が薄く、「人間とは何なのか」とか「世界はどのような存在なのか」「何が真理なのか」という根源的な哲学的問いに関心

が向いていました。そのためどうしても周囲と話が嚙み合わず、浮いているところがありました。きっと私が周りの人たちに溶け込めないのと同じく、周りの人も私のことを「何を考えているか分からない人だ」と扱いに困っていたことでしょう。

まるで別な生き物の群れの中にポツンとひとり生まれ落ちてしまったようでした。

人間は孤独のうちに地球に生まれます。誰もが根源から切り離され、個という牢獄の中に閉じ込められて生きるのです。わずかに隣の壁から人の声が聞こえ、そこに他人がいると思うことで孤独感は薄らぎます。

ですがその声も、人などでなく、機械が生み出した、ＡＩの合成音なのかもしれません。人間は根本的に孤独の牢獄からは抜け出せないのです。

そのため人は孤独の傷を癒やすために、他人を求め、他人からの愛を求めます。愛を求める人間は、他者から自分への理解を求めます。

人間が集団を作り、人との中で生きるのも、この生まれ持った孤独を癒やしたいからなのです。

しかし、この世においては他人から完全な理解を得られることはありません。いくら親友や血のつながった両親であっても、地上では真に分かり合えないのです。

この事実の恐怖を受け入れられないために、人は仲間を作り、お互いに分かり合える気心の知れた親友だと思い込んでいます。

ですが、いくら言葉を尽くし、相手に訴えようと、人間は他人の心を覗けません。その事実を受け入れられないか、はなから理解し合えるものと誤解して、私たちは生きます。

そんな人たちの群れの中に、突然、理解できない人が現れたらどうでしょう?

何を考えているのか、その思いが分からない者が現れたら、きっと不気味に感じると思います。なぜならあの恐怖を思い出させるからです。つまり自分が孤独の牢獄につながれ、他人とは本質的に理解し合えないという恐怖です。

そのため異質な者や価値観が違っている者がいると居心地が悪く感じます。

私もそんな異端者の一人だったのだと思います。

そうこうしているうちに、仕事では周囲から誤解されて、悪い噂が広まり、上司などからも毛嫌いされていたため、次第に鬱状態のようになっていきました。そして満足に働けないようになり、会社からは転勤を命じられたのを機に、やめることとしました。

その後もいろんな仕事をしたのですが、長続きできずにいました。その時もやはり「自分は人として何か重要なものが足りていないのではないか?」と思い、気持ちの落ち込む時が多かったです。

その当時の心境は後にＲＡＤＷＩＭＰＳが歌う「棒人間」の歌詞のようでした。

「僕は人間じゃないんです」と始まる、この歌の主人公は、人間そっくりの姿でいながら、何かが違っていることを自覚し、それでも自分が何者か分からずにいます。そして一人前の人間に見られるように、一生懸命に努力を重ねるのですが、結局は偽物であるため人は彼の元から去っていきます。

それでも彼は、いつしか人間になれることを夢見ているのです。

私もまた、いつしか普通の人間になれるのではないかという儚《はかな》い夢を抱いていました。

しかし現実には、周囲に迷惑をかけ、両親にも心配をかける暮らしです。自分で言うのも変ですが、もとから生真面目すぎるところがあったと思います。それで周囲の期待にこたえようと一生懸命に仕事をするのですが、そうすると心身ともに疲労困憊し、倒れてしまいます。

何度目かの転職の後、頑張って仕事をしていたのですが、ついに身体が悲鳴を上げて、起き上がれなくなり、入院してしまいました。この時は椎間板ヘルニアと診断されましたが、おそらくそれでなくても、何らかの病気でいずれ倒れていたと思います。

入院して働けずに職場にも迷惑をかけ、親にも迷惑をかけ、申し訳ない思いでした。このまま消えてしまいたいと思う日もありました。

何とか日銭を稼ぐための仕事をしながら、悶々と過ごしていました。その時期、私は人生のどん底にいました。

何もかもが思い通りにいかなくて、まさに魂が谷間をさ迷っているような状態でした。

そんな人生に行き詰まり、自分の存在価値を見出せなくなっていたある日、突如、まるで稲妻が脳天を直撃したかのようにひとつの考えが天から落ちてきました。

「自分の思考そのものが外界の出来事を生み出している！」

今まで起こったさまざまな不調和な出来事も、単に不運だったのではなく、自分の過去の思いと行いが生んだ結果だったのです。

その時、まるでグチャグチャになったジグソーパズルが一瞬にして頭の中で完成するように認識の視野が広がった感じがしました。

一瞬にして、自分の抱えた人生の謎が解け、「なにゆえにこの問題が目の前に現れたのか？それは以前から持っていた、こうした考えの傾向が生み出したものだった」というように、次々と頭の中でパズルが合わさるような感覚だったのです。

私の、そしてすべての生は、深い意味を湛《たた》えている。それは知識で得られる納得ではなく、身体全体で感じ取れる実感として得られました。

長年思い悩み、求めていた真理を垣間見た瞬間であったと思います。

そしてなんとも言えない幸福感に満たされました。

まるで今まで深海の重い水圧がかかっていたのが、急に海面に飛び出して一気に解放されたかのようでした。

窓を開けてベランダに出て外の景色を眺めると、今まで目に膜が張られて薄暗くしか見えなかった世界が、本来の輝きを取り戻したかのように煌《きら》めいて見えます。すべての存在が愛の波動で共鳴し合い、響き合っているのを感じました。

世界は重く淀んで見えていましたが、実は、その内側に宇宙の愛が宿っているのが分かりました。固い物質という殻の中に「宇宙の愛」が閉じ込められているのが世界の実相だったのです。

世界は悲しみや苦難に満ちているように見えますが、その根底には深い愛が潜んでいたのです。そして愛というのは、単なる象徴的なものではなくて、世界をあらしめる根源でもあったのです。物質というのも、宇宙の愛が波動を下げて眠りについたものであり、目覚めれば愛の光に還元されるものだと分かりました。

その頃から、目をつぶってリラックスしていると、不思議なビジョンが浮かんでくるようになりました。それは起きたままで夢を見るような状況です。頭の中に像が浮かび、物語が自然と展開されていくのです。

その当時見た象徴的なビジョンは、次のようなものです。

ひとつは、まだ自分で自分を責めている時期で、己を許せない頃のことです。

私は車を運転していて、ちょうど橋の上で信号停止をしていた時でした。頭の中に、ある修道士らしき人が熱心に祈りを捧げている姿が浮かんできました。

どうやらその修道士は私自身のようなのですが、その前に光り輝くイエス・キリストが姿を現します。

そして修道士に向かって、「あなたはなぜ私を受け入れないのか?」と質問します。

熱心な修道士は驚いて「私はあなたを受け入れます」と答えます。

するとイエス様は、「誰でも、自分自身を受け入れない者は、私をも受け入れない者である」と伝えました。

このビジョンの意味するところは、「過度に自分を責めて自分を許せないというのは、自身の内にある神性や仏性を信じられず、認めないことと同じだ」という意味だったのだと思います。イエス様は神の子とされていますが、私たちもまた神仏の子であると思います。自分を必要以上に責め、罪の意識にとらわれるのは、自分の中にある神性を覆ってしまうことにもなるという意味です。それを伝えるためにビジョンを見せられたのでした。

もうひとつのビジョンも、「自分は世の中のお役に立てていない。いまだにお荷物のような存在だ」と思っていた時に見たビジョンです。

今度はお釈迦様とそのお弟子さんです。

お弟子さんが病気になり、誰も看病してくれないと不満を言っているところに、お釈迦様が訪れます。

そこでお釈迦様は不満を言う弟子に、「あなたは他人のことを言っているが、あなた自身は健康であった頃、一度でも病人を看病したことがあるか」と問います。

お弟子さんは返す言葉が見つからず絶句しました。

このビジョンの意味するところは、「自分のことばかり考えて悩んでいるけれど、人に何をしてあげられるか、悩んでいる間に人に良いことができるのではないか、自分を責めて悩んでいることも実はエゴであり、発想を転換して、これから周りの人の幸せに貢献できることをしていくべきなのだ」、そうしたことを教えるビジョンでした。

私は自分のことばかりにとらわれて、少しでも周りに善いことをする思いを忘れていたのだと思います。

これからは人々のためを思って生きていかなくてはならないと諭すビジョンでした。


私たちは地球に生まれて来る時、天国から宝石を持って降りてきます。その宝石の種類は色々ですが、みんなが輝く宝石を手に持って降りるのです。ですが地球に生まれる時、その小さな身体に持てる量は限られます。そのため一つの宝石を持ってくる分、天に何かを置いて生まれてきます。私もきっと、何かを持って生まれた分、何かを天に置いてきて生まれたのだと思います。

そのため以前は生きづらい思いを持っていましたが、それを引き換えにして、何かを手にして生まれて来たのだと思います。その宝石が、あなたの足元を照らす輝きとなれば幸いです。

❸ 不思議なビジョン

先に話したように、世界の本質を垣間見る体験をしてから、時折、起きたままでビジョンを見る白昼夢と言われるようなものや、奇妙な夢を見たりするようになりました。

大抵はソファーに寝ころんでいたり、お風呂に入っている時など、リラックスした状態でビジョンを見たり、瞑想中であったり、早朝の起きかけに夢で見る機会が多かったです。

瞑想中や深くリラックスした状態、早朝の起きかけというのは、表面意識の活動が低下していて、潜在意識が働きかけやすいため、ビジョンを見やすいのだと思います。

ですが自分の頭に映るビジョンが、果たして意味のあるものか？　という疑問もありました。実はただの妄想で、私の頭で勝手に作り上げたものではないかという疑いもあったのです。ひょっとしたら変な体験をして、頭がおかしくなっただけなのかもしれません。

そこで当初は、見えたビジョンをそれとなく伝えて相手の反応を確かめてみました。

たとえばある方を見ていて、ふと頭の中に動物の象の姿が浮かびました。密林の木々をなぎ倒して進む大きな象の姿です。突拍子もないビジョンで、その人から普通、象を連想することなどありません。

そこで当人に、象について、何か特別な思いを持っていないか？　と恐る恐る聞いてみました。

するとその方は大変驚かれて、「わたしはガネーシャ（インドの象の姿をした神様）のことを縁深く感じていて、置物なども持っている」と教えてくれました。

おそらくこの方は、前世においてインド辺りで神聖視されていた象の世話をしていた過去があったように思われます。

そのように一見すると不可解なビジョンでも、私のただの妄想ではなく、意味のあるものだったと分かるようになりました。もちろんほかにもさまざまな符合を経験して、これは霊的なものを見ていると思うようになってきたのです。

私の見たビジョンや夢にはさまざまなものがあり、いくつかの種類に分けられます。それぞれについて紹介したいと思います。

前世のビジョン

私は霊的感覚が芽生えてから、果たして自分に何ができるのかと格闘する時期も経験しました。自分が何者か分からず、そして自分に起こった出来事の意味を、今後の人生にどう生かしていってよいのか迷っていました。

私の体験した出来事を他人に話したとしても、「それは変わった経験をしましたね」で終わりでしょう。経験したことを脇に置いといて、自分に何ができるのかを模索する時期が続いていました。

それで以前に、ｍｉｘｉ（ミクシィ）というSNSを使っていた時期がありました。ｍｉｘｉはネット上の日記のような機能があるため、そこで自分が感じ取ったことや、霊的な出来事について書いていたのです。

その時に、何人かの方に遠隔でヒーリングを行わせていただいたことがあります。遠隔ヒーリングというのは、遠くにいながら、相手の心のケアや心身の健康を願って霊的なエネルギーを送る癒やしを願った行為です。

最近はレイキ（手をかざすなどして生命エネルギーを流し込む療法）や何とかヒーリングというものを学んで体得するというものも流行っているようですが、そのように習ったものではなく、自分なりにできるという予感がしていましたので、オリジナルで試しに行っていたのです。

ヒーリングの最中、ビジョンが浮かんでくることがありましたので、その内容をお相手の方にお伝えしていました。

そのなかで仮にAさん（女性）と呼ばせていただきますが、不思議な符合もありました。Aさんの前世と思えるビジョンで、エジプトに生まれられ、ピラミッドの内部で瞑想をしている姿が浮かびました。

当時は男性だったようですが、何か秘密の知識を伝える僧侶集団にいたようでした。

しかし、敵対する勢力がいて、彼らに捕まって地下に閉じ込められてしまいます。残念ながら助からずにそこで亡くなってしまいました。

ヒーリングでは、その時の意識が浄化されるように祈らせていただきました。

浮かんだビジョンのことをメッセージでお伝えすると、Aさんから驚いた様子で返信をいただきました。

Aさんは遠隔でヒーリングを受けられている時に、瞑想状態でご自身でもエネルギーを感じ取っていたそうですが、開始してしばらくすると、あるビジョンが浮かんだそうです。

それは茶色い土のような壁に囲まれているご自身の姿でした。それがどうやら小さなピラミッドに閉じ込められたように思ったのだそうです。ご本人は「まさか生き埋め？」と驚かれたようですが、あとから私の送ったメッセージを読んで、本人の見たビジョンと内容が一致していたため、たいへん驚かれたそうです。

エジプト時代の前世で、ピラミッド内に入って瞑想をされ、最後は生き埋めになってしまったことを、ピラミッドに閉じ込められるというビジョンで、圧縮してまとめて見られたのでしょう。

さらにAさんは、日本で開催されている「エジプト展」に行かれた際に、アクシデントで指を切ってしまい、かなり出血した経験があったそうです。

おそらく前世に生きた古代エジプトの展示に行ったことで、生き埋めから逃れようと必死に壁をひっかいた時の思いと繋がったのだと思います。

このように、その人の前世と思われるビジョンが浮かんでくることも、経験するようになりました。

宇宙人の魂

前世だけでなく、さらにさかのぼって地球とは違う、もっと別な星に生きていた姿が浮かぶこともあります。

今世、私たちは地球人として、人間の肉体に宿っていますが、さらにさかのぼると、地球とは違う別な惑星で、別な生き物として生きていたこともあるのです。

いわゆる宇宙人や異星人と呼ばれる存在として、かつて別な星で転生していた魂の歴史を持っています。宇宙人の魂について詳しくは前著『宇宙の魂をもつ仲間たちへ』（徳間書店刊）にて取り上げております。関心のある方は読まれてみてください。

ある日、Bさんという知り合いの女性を拝見した時に、前世では京都の公家の屋敷にいた姿が映りました。ご本人は今世も京都出身なので、それはあり得るかと思いましたが、さらにさかのぼると、海の中を泳ぐ、細長く白く光る生き物が映像として浮かんできました。地球にはいない生き物ですが、リュウグウノツカイのように長く、身体が光っていて、ウミヘビのように細長くクネクネと泳ぐ生き物です。

どうやらその星では、稀で神聖な生き物として尊ばれていたようです。

それを本人にお伝えすると、実はBさんはスキューバダイビングがお好きだそうで、ある綺麗な海で泳いだ時に、まるで自分がウミヘビになったように感じ、「前世はウミヘビで、海を泳いでいたのではないかと感じたことがある」と教えていただきました。

珍しい例ですが、ご本人も自覚されている場合もあるようなのです。

そのほかにも、Cさん（男性）にヒーリングを行った時に、河童のイメージが浮かんできました。

あの伝説に出て来る、頭に皿をのせた河童の姿です。日本全国に河童の伝承がありますが、どうやら実際に、昔は河童が日本に住んでいたようなのです。

Cさんは、今世は人間としてお生まれになっていますが、前世で河童として生きられたことがあったようでした。

そのことをお伝えすると、ヒーリングを受けている時に、ご本人にもイメージが浮かんできて、それは川の中から、人の住む集落を見つめているビジョンだったと言います。川の中に住んでいて、人間たちの生活を興味深く覗いていたわけです。ご本人は、ご自身の姿そのものは分からなかったらしいのですが、河童として生きていた時代の記憶が浮かんできていたのだと思います。

ちなみに、河童というのは、伝説上の妖怪とされていますが、実はどうも、もとは宇宙から来た水陸両用の知的生物だったようです。現在ではもう姿を消していますが、昔は日本にも河童が生息していたのでしょう。

生霊と使いの者

次に生霊と使いの者が見えた時のお話です。

夕方頃だったと思いますが、自室でくつろいでいる時に、何だか違和感のようなものを感じました。自分の部屋なのに誰か他人の部屋にいるような、空気が重たいような、ちょっとした違和感です。

それで何か見えるかと思って、座布団に座り、少し瞑想をしてみました。すると部屋の中に、不思議な生き物の影が感じられます。どうも細長い生き物が数匹、部屋の中を飛び跳ねているようでした。

さらに意識を集中して感じ取ってみると、それはフェレットのような姿をした生き物でした。それが三匹くらい、私の部屋の中にいるのが感じられます。

あまり良い感じを受けなかったので、その動物たちに、元の場所に帰るように念じました。すると彼らはピョンピョンと飛び跳ねながら、部屋から出ていくビジョンが見えました。

その時、出ていくフェレットの姿と共に、ある知人の顔が浮かんで見えました。

その知人というのは、ｍｉｘｉで知り合った、霊感の強い方でした。ただ、霊的には優れているのですが、少し間違った方向に進みそうになっている危うい感じがしたので、心配になって注意したことがありました。どうもそのことが気に入らなかったらしく、私に攻撃的な念を向けたのではないかと感じられました。

フェレットのような動物というのは、霊的な使いの者だったようです。

日本では昔から管狐《くだぎつね》や飯綱《いづな》ともいって、竹筒の中に入った小さな狐のような霊を使役し、予言したり、占ったりする人がいるとされています。時には他人に災いをなす、呪術として用いられることもあったと言い伝えられています。

この管狐、あるいは飯綱を使うのが、飯綱使い《いづなつか》と言って、イタチやカワウソのような霊的生き物を使って占いなどをしていたそうです。

時には依頼者の憎む相手に飯綱を飛ばして憑依させ、病気にさせるなどの災いを降りかからせるとも言い伝えられています。

その知人は、おそらく飯綱使いの家系だったのか、素質を持たれているのか、その人が怒りの念を飛ばすと、対象者に管狐が飛んでいくようでした。本人は飯綱を飛ばしている自覚はなかったと思うのですが、知らず知らずに、生霊と使いの者を飛ばしてしまっていたのです。

私がフェレット風の霊体を返した後に、その方はどうも体調を崩されたらしく、しばらくお仕事を休まれていたようでした。

生霊や呪いなどは、跳ね返すと発した本人のもとに返っていきます。

申し訳ない気持ちもありましたが、ご本人の自業自得の面もあったかと思います。

昔から「人を呪わば穴二つ」という諺があるように、他人を呪い、怒りを向けることは慎まないといけません。でないと、いずれは本人にその思いは返ってきてしまいます。

囚われた幽霊

亡くなった方の霊魂、いわゆる幽霊をビジョンとして見るケースもあります。

子供が保育園に入る時期になって、いくつかの保育園を見学することになりました。そのうちの一つに、某宗教系の保育園があって、そこへ見学に行くと、保育園の施設と隣接して、教会も建っていました。

その時私は、少し古くなった建物の雰囲気を薄暗く感じただけだったのですが、帰宅してから妻が強い頭痛を訴えました。しばらくしても回復せず、痛みがさらに激しくなってくるようでしたので、これはおかしいとなって、ヒーリングをしてみることにしました。

その時に感じたのは、どうも午前中に行った教会の関係者の霊が、妻に憑いてきたようでした。細身の中年の女性が憑いているビジョンが浮かびます。

その方はもう亡くなられているのですが、どうも自身が亡くなったとは思っていないようです。死んだことを自覚できずに、そこの教会に未浄化霊となって留まっていたようなのです。

妻に憑いてきた霊を浄化して、光の世界に帰るように、守護霊さまにお祈りしておきました。ヒーリング後には妻の頭痛もすっかり回復して一安心です。

実は、ヒーリングをする前に、私の方も家に帰ってから異常にだるく、仮眠を取ったのですが、その時に奇妙な夢を見ていました。

大きな薄暗い建物の中に隠し部屋のような場所があって、そこに数人の女性らしき人たちが閉じ込められているのです。

隠し部屋は地下にあって、暗くじめじめしています。地下の隠し部屋に閉じ込められている彼女たちは、栄養不足で、次第に痩せてきている様子でした。しかしそこでの教えを受けて、自分たちは浄化されてきているのだと信じています。実際には栄養が失われていって、だんだんと衰弱しているようですが、身体が軽くなっていくことを、浄化の現れだと信じているようでした。

そこで私は彼女たちに、何とか栄養のあるものを差し出そうとするのですが、その方たちは食べ物を拒否します。不浄なものを口にしたら、浄化が遠のくと思っているようです。

可哀想なのですが、ご自身の意志で拒んでいるために、助けることができませんでした。そうした奇妙な夢を見ていました。

どうもこの夢は、その教会に関連した夢のようで、生前に教会に属していた人の中に、未浄化な霊となって、いまだに建物内に残っている人々がいる状況なのだと思います。

妻に憑いてきたのは、その中のお一人だったのでしょう。

霊界の様相

生前にお世話になった親戚ご夫婦がいました。その方々の死後の状況について気になったので、様子をうかがうことにしました。

瞑想中にその方々に意識を向けると、霊的世界に飛んでいき、死後の様子が感じ取れないかと思ったのです。

以前、その夫婦のご主人が夢に出て来て、死後に空腹な状態にある様子がうかがえたため、まだ光の世界に帰れていないのかと心配していました。奥様の方も、亡くなってすぐの頃は、残された家族のことや、位牌についてなど、いろいろと気にされているように感じられたので、お二人について、それからどうなっているのか気になっていたのです。

それで瞑想してお二人が今どのような状況にあるのか、霊界に見に行くこととしたのです。

守護霊さまの支援を受けながら、いわゆるあの世と呼ばれる霊界に向かいます。

まず奥様のほうですが、その方の住む霊界に行くと、さっそく出迎えに来られたようで、楽しそうにお手玉をしている姿を見せてくれました。

これは、あの世で楽しく暮らしているということを、見せてくれたのでしょう。後日、奥様の娘さんにうかがうと、生前はお手玉が得意で、片手でもできましたと教えていただきました。

案内されて、霊界で暮らしているお家に向かったのですが、辺りは緑に囲まれた古い村のような感じで、菜の花畑が広がっているようなところです。現代的なビルが立ち並ぶ街ではなく、昔の田舎の風景のような場所です。家はこぢんまりとした木の家で、そばには井戸があって、そこから新鮮な水を汲んでいるようです。そこで養父母と仲良く暮らしているようでした。

いわゆる善人が死後に行かれる、天国世界に帰られているようです。

天国と言ってもたくさんの階層に分かれていて、高次元に行くほど光も増えていき、高い世界には偉人と呼ばれる人々が住む、菩薩界や如来界などがあります。

普通の善良な方が亡くなると、天国と呼ばれているような、牧歌的で平穏な世界に行かれます。その奥様も、もう天国世界に帰られているようで、一安心しました。

死後にはもちろん健康な状態になられていますが、生前に耳が悪いところがあったので、「どうして生前は耳が悪いことを選んだのですか?」と聞いてみると「旦那の厳しい言葉を聞きたくなかったから」と答えられました。

ご主人は、生前に怒りっぽいところもあって、怒鳴ったりすることも多々あったようです。そうした悪口を聞きたくなかったために、自己防衛として耳が悪くなっていたそうです。

死後にはそうやって、自分の人生の意味などが分かってくることがあります。

奥様には別れを告げて、次にご主人のほうを見に行くことにしました。

守護霊さまに導かれて霊的世界を移動していくのですが、どうも下の方にずっと降りていくような感じがします。ちょっと暗い世界に行かれたのかなと不安に思いましたが、どうもそのようでした。

見えた世界というのは、薄暗い夜のようなところで、小高い丘のようなものがあるのですが、所々に赤黒い箇所が点々とあるのが見えます。その赤黒い物が何かと見ると、どうやらマグマのような熱い土が露出した所のようです。そうした箇所が、丘にポツポツとできて、マダラ模様になっています。

たいへん蒸し暑い世界でもあるようです。

そこに二匹の野犬と思われる生き物が走ってきました。犬歯を見せて吠えながら駆け回っています。お腹を空かせて、気が立って吠えているようです。

どうやらこの野犬は、もとは人間の魂だったのではないかと感じます。あの世の地獄と呼ばれる世界に堕ちて、野犬に姿を変えた哀れな人の魂です。

その世界にさびれた小屋のようなものが建っており、そこにご主人はいました。

どうやらこの世界には食料が無くて、飢えているようです。

ビジョンの中で、雑炊を大きな器に入れて差し上げました。それを食べていただいて、少し気持ちが落ち着いてきた時に、もう少し上の世界にお連れしました。そこは現代の都市のような場所で、人も多く住んでいますが、まだ薄暗い世界ではあります。

まだご主人の心境から、それ以上の世界には帰れないようでしたので、そこまでお連れすることにしました。

そこでご主人とはお別れしました。

生前に怒りっぽいところがあり、声を荒らげることもあったので、そうした野犬のいる世界に通じたのではないかと感じます。

犬というのは唸り声をあげて牙を見せるように、怒りを象徴する生き物でもあります。夢に犬が現れた時なども、何か怒りを表していることが多いです。そうした怒りっぽい人が行く霊界であるようです。

余談ですが、ご主人は生前、お年を召されてから、何かと近所から粗大ごみのようなものをもらってきて、お家にため込む癖がありました。そのためご自宅は、他人からすれば不要と思われる荷物に覆われていて、ゴミ屋敷のようにも見えてしまう状況でした。

犬も、いろんなものを咥えて住処に持って帰る習性がありますが、ご主人も晩年には犬の動物霊の影響があって、そうした収集癖に繋がっていたのかもしれません。

さらにご主人について、死後に飢えを感じていたのは何かと考えました。

生前に喉を病気で痛められて、それで固い物も満足に食べられなくなり、食事についての欲が高まっていたのかもしれません。またお酒を好まれていましたので、それが食欲や飲酒欲として、死後に飢えた世界に行かれた理由かもしれません。

野犬の世界というのは、怒りと飢えを象徴した世界なのでしょう。生前に怒りっぽく、食べ物や酒などの飲み物に執着するような生き方をしていた人が、野犬の住む世界に行かれることがあるのだと思います。

野犬は怒りを象徴していますが、自然に暮らすため、たえず食べ物を探し回らねばならず、飢えとの繋がりも深いのです。そういうことで、死後の世界として、野犬の地獄界というのができたのだと思われました。

死後の世界は実在しますし、生前の思いと行いが、死後の行き先を決めるのです。

私たちも心と体の行いを正して、無事に光の世界に帰れるようにしましょう。

守護霊からのメッセージ

かつて私が苦難の中にあったとき、こんな夢を見ました。

私は夢の中で曲がりくねって障害物のある道路を自動車に乗って運転しています。助手席には見知らぬ人物が乗っていて、運転している私にいろいろとアドバイスをくれるのです。

急なカーブで事故がよく起こる所に来ると、助手席の人物は、「難しいと頭で分かっていても実際に運転すると、できないことがあるよ」と諭しました。

夢の内容はこのような感じでしたが、そこには深い意味があったのだと思います。

その道路は、私が生きてきた人生の道のりを表しており、曲がりくねっていたり障害物があったりするのは、苦難や迷いを表しています。ちょうど私は、人生の困難な時期に当たっていたので、そのような人生の困難を示していたのだと思います。

私たちは生まれる前に、あらかじめ困難な局面に出合うことを想定して地球に誕生し、その困難を無事に乗り越えられるか試みます。ですが、生まれる前に想定していた困難に実際に直面すると、なかなかうまく乗り越えられないことがあります。そのことを、「実際に運転してみるとうまくいかないことがある」と諭したのでしょう。

そして助手席にいる者は、私の人生をずっと見守っていて、陰ながらアドバイスを送っていた守護霊の姿であったのです。夢の中で私を励まし、応援するように優しく適切な助言をしてくれました。

苦難の時にも共に連れ添う存在がいることを示す夢で、それぞれの人間にそうした存在が目に見えずとも見守っていることを示しているのです。

みなさんも聞いたことがあると思いますが、私たち一人ひとりに守護霊という存在がいて、私たちの人生を見守ってくれています。ですが彼らは、私たちに代わって運転してくれるのではなく、あくまで助手席にいてアドバイスを送る存在なのです。

どのようにハンドルさばきをするのか、人生を乗り切っていくのかは、地上に生きている私たちに託されています。守護霊はそうした私たちを陰ながらサポートし、導こうとされています。

この夢はそうした守護霊からのメッセージを表すものでした。

未来予知

また、未来を予知するかのような白昼夢を見ることもありました。

この時は瞑想中だったのですが、宇宙空間で何かが高速で飛んできて、衛星を破壊するというビジョンが浮かびました。

真っ暗な宇宙空間を、音も無く高速の物体が飛んできて、人工衛星にぶつかってしまいます。どうやら事故でそうなったのではなく、意図的にぶつけられたようでした。

人工衛星破壊のビジョンを見た数日後に、ニュースでアメリカの偵察衛星が制御不能になっており、地上に落ちる危険性が出てきたため、米軍のミサイルによって破壊したという報道が流れました。

私の見たビジョンは、まさにこのことを示していたのでしょう。

ビジョンを見た時には、まだ破壊はされていませんでしたので、未来の出来事を予見していたのだと思われます。

そのほかに現実となったビジョンは、次の章で詳しく取り上げていきたいと思います。

異星のビジョン

面白いもので言えば、別な惑星を探索するビジョンを見たことがあります。

荒涼とした、黄色味がかった大地に、私は一人立っています。見渡す限り生き物の姿は無く、乾いた風だけが、砂ぼこりを舞いあげて吹いています。

私は心の中で「ここは死にかけた星だ」と思いました。

そこに地表から二十センチほど浮かんだ、キックボードのような乗り物に乗った、宇宙服姿の何者かが遠くから近付いて来るのが見えました。何か人間とは違った知的生命体が、この星にはまだいるようでした。

いつのまにか俯瞰するビジョンに変わり、私は高い所を飛んでいて、下を見下ろしています。するとその星の地表には、三角の建物が所々に建っているのが見えます。地面と同じような色をしているため、何かの理由でカモフラージュして建物の存在を気付かれないようにしているのかも知れません。

空飛ぶキックボードに乗った者は、その三角の建物の一つに入っていきます。

私の視点はその人物と共に建物の中に吸い込まれていき、エレベーターのような物に乗って、地下へと降りていきました。すると地下には、巨大なドーム状の広い空間があり、そこに大きな水槽がいくつも置かれています。

水族館の巨大水槽のような物の中には、見たこともない生き物が泳いでいます。鳥のように長い首とクチバシを持った魚が高速で泳いでいたり、ぶにょぶにょしたシワだらけの肉の塊のような生き物が、水槽の下の方を、たくさんの足を器用に動かし、這って歩いたりしています。

どうやら、かつてその星では地殻変動があって、多くの生命が地上から失われたようでした。この星の知的生命体は、滅びる前に捕らえていた生物を地下で養っているようです。科学が進んだ先のノアの箱舟のようなものでしょうか。

実際にある星の情景なのか、それとも私の脳内で勝手に生み出した世界なのか証明できませんが、無料で宇宙旅行に出かけられたと思えば、得した気分になれます。

予知と宇宙人

また未来社会の予知と、異星の様相や宇宙人の考えが含まれる不思議な夢がありましたので紹介したいと思います。

近未来のような感じのする部屋にいます。その世界では進化したパソコンを使って、世界中で個人放送するのが流行っているらしく、放送されているチャンネル数はものすごい数に上ります。

私はいろいろなチャンネルを自動サーチして受信していました。たまたま映った番組を見ていると、紙のように薄い壁掛けディスプレイから人が出てきました。それも一人ではなく、気が付くと数人が私の部屋に現れています。

深夜なので、同居人に騒がしいと苦情を言われるのですが、私はなぜか気づかれてはまずいと思って「友達が来ている」とごまかします。

ですが部屋に現れたうちの一人が、腰に銃を下げているのを同居人に発見されてしまいました。「これはモデルガンで、愛好者の集まりなのだ」と説明したものの、怪しまれてしまいます。

何とかなだめて同居人を自室に帰し、銃を下げた人に、「ここは日本だから、銃を持っていると捕まる」と注意します。

出てきた人物には、さまざまな外国人風の容姿の者がいました。初めに交信して登場した者がキアヌ・リーブスによく似た男です。ここでは仮にキアヌと呼ぶことにします。

何とか彼らを元の場所に帰そうとするのですが、その後も続々と出てきてしまいます。

どうやら、ディスプレイの向こうの世界は別な惑星に繋がっているようでした。その惑星では、人造人間のような優れたサイボーグが権力を握っており、生身の人間はサイボーグ達の暮らすシティーから追い出され、砂漠のような痩せた土地で虐げられて暮らしているらしいのです。サイボーグ達は高度に進んだ科学都市に暮らしていて、生身の人間はそこに入ることは許されていないのだそうです。

そしてキアヌがそこから逃れるために、シティーからの廃材を集めて機械を作り、そこからの放送を受信した地へ回路を開くのに成功したようです。その回路がたまたま私のパソコンだったというわけです。

彼らは続々と出て来て、私の住むマンションの一室では収まらず、しばらくすると一つのフロアすべて占有するまでになりました。フロアが小さな雑居街のようになり、彼らはそこに暮らし始めました。

その頃には、キアヌが彼らのリーダー的存在になっていたのですが、ある相談を受けました。実は、彼らは宗教を持っておらず、ここで暮らす者が亡くなっても、死体をそのままディスプレイの奥に送り戻していただけだったとのことでした。

新しい住処である地球に来たのだから、何らかの弔いの儀式を考えたいとのことでした。

彼らの考えをもう少し聞いてみると、いわゆる創造神のような存在への信仰は根付いていないようでした。彼らの種族は時間を螺旋階段のようにとらえていて、階段の上が未来で、下が過去のような感じです。彼らの人類が歴史を進んでいくと、未来の自分たちである、上の階段にいる者から、ちょうど下の階にいる彼ら宛てに、進化の種を落とします。その種は現在の彼らに良い作用や、あるいは悪い作用をもたらすと考えています。つまり、「未来の自分たちの精神が、時空間を超えてやがて現在の人類に変化をもたらす」というようなことを宗教のように信じています。

そうした、宗教というよりは科学仮説のようなことを信じて、未来人達が善き精神性を携えて進化し、自身らに善き影響を与えてくれるよう望んでいるという、未来人へのカーゴ・カルトのような信仰があるようでした。

カーゴ・カルトというのは、いつの日か、先祖の霊が、天国から船や飛行機に文明の利器を搭載して自分達のもとに現れる、という物質主義的な信仰です。

私はキアヌに、いろいろな宗教の特色を合わせるような弔い方法をアドバイスしてみました。

それからも彼らは増え続け、キアヌは政治家のようになって地球の政府と交渉するなど、リーダーとして働いていました。が、ある時、車で移動中に彼を狙った爆破テロに遭い、キアヌは昏睡状態になってしまいました。

その時、彼は幻のようなものを見ます。

彼は、長く白い階段を登っていきます。

それは人類の進化を表しているようだと感じています。

階段の途中に、光り輝く存在が佇んでいます。

手塚治虫の名作、「火の鳥」のような神々しい姿の存在です。

その存在が、生命の本当の成り立ちをキアヌに教えました。

宇宙には神聖な法則があり、聖なる数によって運命が造られる様を幻視で見せられます。

そこで夢は終わりました。

どうも単なる夢というわけではなく、この夢に出てきたような星が実際にあるように感じます。別な惑星では、人工的に作られた優秀な人種が支配して、それ以外のナチュラルな人種が差別的な扱いを受け、厳しい環境に生きています。彼らは地球人からも学びを入れて、自分たちの魂の向上に役立てようと考えているようです。

そうした星からのインスピレーションを受けて見た夢でしょう。

この夢を見た当時は、まだＹｏｕＴｕｂｅなどの動画サービスは無かった時代ですが、今ではＹｏｕＴｕｂｅなどを使って、誰もがパソコンで動画を配信することができるようになりました。まさに夢に見たように、無数の個人チャンネルが存在するようになっています。

壁掛けの紙のように薄いディスプレイもその夢に出てきましたが、現在は非常に薄いディスプレイが登場しつつありますので、現実に近づいていると思います。ディスプレイから電波を受信した者の所に出てくるというのは、現実的ではないですが、これはチャンネルを合わせれば、宇宙からのチャネリング情報を受信するという意味があるのでしょう。

このように、私が見るビジョンは主に、生霊、亡くなった方の霊、過去や現在起こっている出来事、過去世や前世、宇宙や宇宙人の存在、そして今回の本の主題となる、未来を予知するビジョン等の種類があります。

この本では、特に未来に関するビジョンや予知について述べていきたいと思います。

第1章

現実となった予言

❶ 大いなるバビロンは滅びた　リーマン・ショック

私の見た不思議なビジョンのなかには未来予知に関するものもあります。

今回はそのなかで、私が事前に見た大きな出来事に関わるビジョンを紹介していきます。

まずはリーマン・ショックに関するビジョンです。

２００７年ごろからアメリカ合衆国で住宅市場が悪化し、住宅ローン問題が深刻化。投資銀行であるリーマン・ブラザーズ・ホールディングスが２００８年9月15日に経営破綻。それを機に連鎖的に世界規模の金融危機が発生した事象を指します。リーマン・ショックというのはこの時の金融危機の日本における通称です。

これに関連して、当時、日本でも不況の波が襲ってきたので、苦しい生活を実体験された方も多くいらっしゃることと思います。

霊的に目覚めてから一年ほど経ったある日のこと。私はソファーに座ってくつろいでいました。ぼんやりしている私の頭に、変わったビジョンが浮かんできました。

それは大きなビルが建ち並ぶ、アメリカの大都市の様子でした。そのビル群の上から、株券や債券などが紙吹雪のように舞っている景色です。

大量の株券や債券などの有価証券が無価値になって、ただの紙くずと化してしまい、人々がそれらをビルから投げ捨てています。

そのビル群の下には、ホームレスなのか、職を失った人々が、暖を取るためにドラム缶の中で紙に火をつけて燃やしています。その紙というのが、何とドル紙幣なのです。

そして場面が変わり、私は大都市の上空を飛んでいました。

巨大なビルが立ち並ぶ大都市なのですが、見覚えのある建造物があります。自由の女神像です。ここはやはり、アメリカ合衆国のニューヨークの上空なのだと思いました。

しばらく飛んでいると、突然地面が揺れ出し、一瞬にして地盤沈下を起こしていきます。大量の海水が都市に流れ込み、高層階のビル群が、海の中に沈んでいきます。一部の高層階だけが、海から顔を出しています。

その恐るべき情景の中で、一羽の大きな鳥が海没した都市の上空を飛んでいます。その鳥は「大いなるバビロンは滅んだ！」と叫びながら飛び去っていきました。

そしてさらに場面が展開し、今度は日本の都市部の、おそらくは東京と思える景色が見えます。

普段は大勢の人が行き交うオフィスビル街のような場所ですが、なぜだか日中にも関らず、一人も歩いている人がいません。行き交う人がいなくなった町ですが、路面店はわずかに営業しているようです。しかし売り物がほとんど無いようなのです。

こうした不思議なビジョンが頭に浮かびました。

この時のビジョンをもとに、ｍｉｘｉで２００８年5月23日『**来たるべき世界**』と題して、以下の文を投稿しました（内容は省略しています）。

「米国では紙屑になった株券や証券がビルの上から投げ捨てられ、下のストリートでは暖をとるためにドルの札束が燃やされています。ニューヨークは海の藻屑となり、大いなるバビロンは滅んだと聞かれます。日本の都市はゴーストタウンのようになり、行き交う人もなくお店から売る品物が消えています」

この時の私は、まだビジョンが抽象的な意味で送られてくることをよく知らず、そのまま現実となったらどうしようかと心配していました。

つまり大津波がニューヨークを襲うのではないかと懸念していたのです。

ビジョンを見た日から三カ月ほど過ぎてから、あのリーマン・ブラザーズの破綻があり、金融危機が世界に衝撃を与えました。

それから振り返って考えると、当時見たビジョンの意味するところは、やがて来る金融危機を象徴していたのです。つまり、証券類が紙くずになるというのは、このような意味です。

当時の米国では不動産融資であるサブプライムローンを証券化して販売していたのですが、その実態は返済能力の無い方にまで住宅ローンを貸し付け、それを証券化して売ることで、誰でもローンが組めて家が建てられるというものでした。

不動産の価格が上がっていき、売る際には値上がりしている状況であれば、たとえローンが焦げ付いたとしても問題なかったのです。が、いったん値崩れが起こると、一気に問題が顕在化してきたのです。

サブプライムローンを証券化した商品は、価値が暴落し、紙くずのようになってしまい、それが引き金で世界的な金融危機＝リーマン・ショックを起こしてしまいました。

証券は文字通りの紙くずと化し、ニューヨークの金融街を中心として、金融危機が世界に広まったのです。

ニューヨークが海没するというのは、世界の金融センターであり、あのリーマン・ブラザーズが本社を構えていた場所が没落していくことを意味していたのです。

さらにドルが紙くずのように燃やされてしまうというのは、米国の通貨であるドルの価値が下落することを意味していました。実際にリーマン・ショック前後から、為替取引でドルが売られるようになり、その年だけで1ドル112円だった為替レートが1ドル90円へと一気にドル安が進みました。

さらに、日本でも行き交う人がいなくなるというビジョンの意味は、ニューヨークに端を発した金融危機が、日本にも大きな影響を与え、不況をもたらすという意味でした。

❷ はじめての地震予知　東日本大震災

2011年3月7日、あの日の四日前。クジラが集団座礁をしたニュースを見て、何かただならぬ胸騒ぎがしていました。私はいたたまれずｍｉｘｉに集団座礁のニュースと共に、地震に注意するよう、公開日記に書いていました。

「（略）先日のニュージーランド地震の時もクジラが海岸にあがる事件があったそうです日本は地震多発地帯ですから、念のため注意されたほうがよいです」

先日のニュージーランド地震とは、2011年2月22日、ニュージーランドのカンタベリー地方で発生した大地震のことです。特に被害を受けた都市クライストチャーチの名を取って「クライストチャーチ地震」とも呼ばれ、死者185人を出す大地震となりました。

ニュージーランド地震を受けて、これだけでは終わらないのではないか、日本にも大きな災害がやってくるのではないかと感じていました。

地震に注意を促す記事を書いたのは、この時、つまり東日本大震災が起こる四日前が初めてです。

日本で大きな災害が迫っているように感じられたのですが、自分ではどうすることもできず、ただの思い過ごしであれば良いと思いながら過ごしていました。

しかし、運命の日はやってきます。

3月11日、その日私は見舞いのため、母親が入院していた病院にいました。そこは沖縄の町の小高い場所に位置し、病棟の高さが十数階もある大きな建物でした。

母親とレクリエーション室でテレビを見ている時に、東日本大震災の映像が流れてきました。眼下に沖縄の海を見晴らせるような所で、東北に迫っている津波の映像に見入っていました。現実とは思えないような映像が流れていたのを覚えています。

目の前で大勢の人が亡くなる大震災が起こってしまい、それをどうすることもできない自分の無力さを強く感じていました。

その時は気付きませんでしたが、東日本大震災が起こった時に、海抜の低い自宅から離れ、標高の高い、頑丈な病院の建物にいたことも、偶然ではなかったのだと思います。

霊的な感覚が目覚める前にも、大きな災害に遭うのを回避し、不思議と助かった経験があります。

1995年3月、その頃の私は、まだ東京の商社に勤めていました。本社が日本橋人形町にあったため、地下鉄日比谷線の人形町駅で降りるのが日課となっていました。

3月20日、その日もいつもと変わらない出勤日でしたが、なぜだかその日だけはいつもより早く起きていました。私は普段、定時に出社していたのですが、その日は珍しく、早めの電車に乗って出社したのでした。

その日、出社した社員の中に、駅で異臭騒ぎがあって、目がチカチカするという体調の異変を訴える者がいました。

あの地下鉄サリン事件が起こった日です。

いつも私が通勤している時間帯に、同じ電車で起こった事件でした。いつも通りその電車に乗っていれば、私も被害に遭っていたと思います。

それがなぜか、普段からは考えられないような早朝に出社し、事無きを得たのです。その時も、ただ運が良かったのだと思っていましたが、今思えばそうではなく、見えない存在から加護を得ていたのだと思います。


東日本大震災が起こる数日前に、初めて地震が迫っている予感がしたのですが、それが現実となって目の前で展開されている映像を見て、背筋が寒くなりました。

はたしてこの力は何なのか？　単なる偶然なのか、それとも未来を予知したのか、考えても答えは出ません。

もっと熱心にその予感、つまり予知を伝えていれば、助かった人もいたのではないかと、後悔することもありました。

３ 令和の時代の意味

リーマン・ショックや東日本大震災の時のことをお伝えしましたが、もう少し最近の出来事から、予知が現実になった時の話を述べてみたいと思います。

平成の明仁天皇が譲位され、新元号となる令和の時代になった時のことです。世間的には新元号を記念して、お祭りムードのような浮かれようでした。

そんなお祝いムードに水を差すようで悪い気がしましたが、新元号が発表された２０１９年４月１日のブログ記事で『**令和の霊的関係、新元号のスピリチュアルな意味と未来予知**』と題して以下のような記事を書きました（以下抜粋）。

「（略）…また令という字を使われていて、こちらは言いつけるとか、命じるというような、人を上から支配する印象を受けます

世の中には自由主義と社会主義とがあって、国民の自由な競争をなるべく国は邪魔せずに、自由にさせることで、世の中を発展させていこうとする考えと、政府の考えのもと民間も指示して動かそうとする考えが主にあります

『令和』という言葉からは、日本が社会主義化していって、政府がいろいろと国民に命令してく

る感じを受けます

すでに（日本でも社会主義化＝国が国民に命令していく社会は）進みつつありますが、これからの時代はさらに強まってくる予兆のように感じます

また以前にも述べたことがありますが、新元号になってから、社会全体の流れも変わってきます

昭和の時代は戦争もありましたが、戦後は焼け野原から日本経済はずっと成長していきました

オイル・ショックやドル・ショックなどもありましたが、世界的に見ても奇跡的な発展を遂げ、昭和の最後の時代には、1人あたりのGDPでアメリカを抜いて経済的に世界一になったのではないかとも言われています

のちにバブルと呼ばれますが、昭和の最後の頃には日本は好景気に沸き、世界一の経済大国にまで上り詰める寸前でした

しかし次の平成になってから、消費税の導入もあり、日本の景気は悪くなり、それが平成の時代は続いていきました

失われた三十年とも言えますが、景気が一向に良くならず、日本は停滞を続けていました

その間に中国が日本を抜いて世界二位の経済大国となり、周囲を脅かすようになっています

このように平成になってから、残念ながら日本は停滞期に入っていったのです

そして新年号が発表され、「令和」の時代となっていきます

これからの時代はどうなっていくのか、気になるでしょう
はたして停滞から脱して発展できるのか、それとも崖を下っていくようになるのか
残念ながら、世界的な不況が起こりつつあり、日本もそのあおりを受けるでしょう」

このように令和の時代になると、国がさまざまに国民に命令し、あれをしてはダメこれもダメと、次々と命じていくような社会になること。そして世界的な不況が訪れるという予感を書いていました。

令和になって翌年、世界的な新型コロナのパンデミックが起こります。政府は「三密になるな」とか、「マスクをしろ」とか、「リモートワークをしろ」「飲食店は営業するな」「営業は夜八時まで」「店に入る人数を減らせ」「お酒は出すな」等々、国民に命令ばかりを発して、人々の自由を奪う時代に突入しました。

まさに令和の時代に入ってから、政府が人々に命令して、従わせる時代に入って来たのです。

さらにコロナ禍により、営業自粛（要請）なども あって、多くのお店が経営難になりました。政策で融資を受けやすくして倒産を抑えていますが、借りたお金はいずれ返さなくてはなりませんので、やがては大量の倒産が出てくるでしょう。

世界的にもコロナ禍を凌ぐために、大量にお金をばら撒いてきましたが、そのツケが回ってきて世界的なインフレも高進しています。

やがては大きな経済不況が世界に訪れるでしょう。

そのようにコロナによって、令和の時代は、国が人々に命令する社会、そして世界的な経済不況へと進む予感は現実のものとなってきました。

❹ 新型コロナのパンデミック

新型コロナウイルスの流行についてお話しすると、言わずと知れた災厄で、人類全体がコロナパンデミックで翻弄されました。

当初、日本のメディアでは中国の武漢で発生した流行をほとんど報道することなく、一般の方にはまだ知られていない時期から、私のブログではその危険性を警告していました。

以下は２０２０年１月11日に書いた記事『**中国で広がる謎の肺炎の正体と病に侵された国**』の記事抜粋です。

「中国では昨年12月から湖北省武漢市を中心に、原因不明の肺炎患者が発生していて、罹患者は59人に上り、うち7人が重症となっていて、全員が隔離治療されています

この謎の肺炎の正体ですが、世界保健機関（ＷＨＯ）の発表によれば、新型のコロナウイルスの可能性が高いとのことです

かつて中国で広がった新型肺炎（ＳＡＲＳ）や中東呼吸器症候群（ＭＥＲＳ）などもコロナウイルスの一種類であり、今回はその新型ではないかと言われています（中略）感染力の強い病原体だった場合には、世界的な流行を生む可能性があります」

このように多くの日本人がまだ耳にしたことのない当初から、このウイルスが世界的な流行＝パンデミックを引き起こす恐れがあると述べていました。

五日後の２０２０年1月16日の記事**『日本にも感染拡大！中国発の新型肺炎ウイルス』**では、見通しの甘さから感染拡大を起こす恐れを警告しています（以下抜粋）。

「今回の件に関して、メディアの報道では認識が甘いように思いますし、情報が少ないのではないかと感じます

一歩間違えればパンデミックの可能性があるのに、情報が限定的でわずかしか出していませんマスコミは感染のルートや、どのように防ぐのか防御策などを国民に知らせるべきではないでしょうか」

さらに２０２０年1月26日**『大流行の恐れ！新型肺炎コロナウイルス』**の記事では、こう警告をしています。

「こうした危機的状況を伝えることもなく、たいした危険性はないように日本のメディアは報道しています

残念ながら現時点ではメディアも政府も頼りにならず、後になって騒ぎ出すでしょう

私たちにできることは各自で自衛することです」

実際にテレビに出る専門家らは、当初、甘い見通しで、結果的にパンデミックを止められなくなってから、慌てて大騒ぎする始末でした。

この時期、日本のニュースではコロナについてごくわずかに報道するのみで、多くの国民は事の深刻さを分かっていませんでした。そのため政府も甘い見通しで、対策が後手に回り、結果被害を大きくすることとなります。

そもそもWHOもこのウイルスの危機について楽観的な見通しで、同1月23日時点でも「現時点では緊急事態にあたらない」として危険性を十分認識していませんでした。その発表を信じた各国は、易々と感染者を入国させ、世界的なパンデミックを起こしてしまいます。

WHOが緊急事態宣言を出したのは、ようやく1月30日になってからでした。

発生初期にパンデミックを警戒し、世界的な水際対策を厳しくとっていれば、おそらくその後のコロナ禍は起こらなかったのでしょう。

ニュースなどでも、当初は専門家らが「世界的な流行になることはない」とか「たちの悪い風邪くらいのもの」と新型コロナを甘く見ていました。

私が何度、危険性を訴える記事をネットに書いても、やはり「日本で広まるはずがない」とか「すぐに収まる」という批判が数多く寄せられていました。

多くの方は、パンデミックを経験しておらず、まさか起こるはずはないと軽視していたのです。メディアやそれに出演する専門家、また政府までも警戒心が薄い状態でした。そのためコロナのパンデミックを止められず、人々が苦しむ未来を予見しながら、ブログで記事を書き、危機を警告することくらいしかできないことを悲しく感じていました。


私が当初から訴えていた「これはパンデミックになる。日本でも広まる」という話を信じて、周りの人に伝えた方もいらっしゃいます。その方たちは周囲からは笑われたそうです。

テレビでもそんなことを言っていないし、政府も何も言わないのですから、パンデミックになって世界的な大問題となることなど、当初は信じられないことでした。そのため初期から訴えていた私や仲間たちは、世間から笑いものになっていたのです。

ですが実際にパンデミックが現実のものとなると、国民は恐怖心から専門家らの意見に飛びつきます。彼ら専門家らやメディアの見解が間違い続きで、予測がことごとく外れていたとしても、人々は肩書のみを信じて、中身で判断することはありませんでした。
そのため更なる悲劇が繰り返されてしまうとも知らずに……。

5 日本での感染拡大と長期化

日本人が新型コロナの流行をまだ他人事と思っている時期に、このようなビジョンを見ました。
２０２０年2月25日の記事『新型肺炎の感染の広まる時期』より抜粋。

「昨日に見た夢です
ビルのワンフロアにいるのですが、そのフロアには病院の施設もありました
フロアの一角に病院があったのですが、それが忙しくなってきて、どんどんとフロアのほかの部分にまで、病院のスペースとして使われだすというものです
病院が浸食してきて、フロアがだんだんと病院に占められていくような感じで、圧迫されてくるのを感じました
この夢はおそらく、これからさらに、感染が広がって、病院が忙しくなっていくことを意味しているのだと思います
新型肺炎について、もう終息にむかっているように考える人もいるようですが、実際にはこれ

から日本では感染が広がっていく時期になるでしょう」

当時はこの夢を理解する人は少なかったでしょう。今なら多くの日本人が分かるはずです。実際に日本でも、新型コロナの感染拡大が起こった時期には、病床が足りなくなり、患者があふれる事態となりました。そしてＰＣＲ検査場が、町のあちらこちらに出現しました。

現在からみれば、この夢が現実となっていったのが分かるはずです。

日本で新型コロナ感染の第一波のピークを経験するのは、それから約二か月後の２０２０年４月11日でした。

そしてちょうど日本で第一波のピークとなった4月11日に、コロナがこれで終わらず、長期化することを警告する以下の記事を書いていました。

『世界ではコロナウイルスの流行が数年は続くと考えておく』

「新型コロナウイルス＝武漢肺炎の感染拡大によって、世界的に都市封鎖などが行われ、何とかウイルスを抑え込もうとしています

日本でも緊急事態宣言がなされ、感染の広まる大都市圏では、外出自粛や、お店によっては営業自粛を呼び掛けています

こうした都市封鎖や自粛によって、何週間か一か月くらいすれば、また徐々にもとの状態に戻っていくと考えている方が多いかと思います

あと何週間か、長くても一～二か月の辛抱だと思うかも知れません

しかし、これだけ世界に蔓延し、広まってしまうと、もう短期間での収束はできないでしょう

世界全体で見れば、これから数年は、感染が続き、場合によっては季節性のインフルエンザのように、毎年流行するようなものとなっていくかも知れません」

この記事を書いた当初は、人々はこの感染の波が収まれば、それでコロナは終息するものだと信じていました。

まさかそれから数年もコロナの波が何度も押し寄せるとは思っていなかったのです。

医師や専門家らの多くの意見としても、五輪前（当初は２０２０年の7月に開催予定だった）には終わるだろうというアンケート結果も出ていたのです。

しかし私には、何度も感染の波が襲っては、そのたびに人々が萎縮し、不安になる風景が目の裏に浮かんでいました。

そのため「安易にすぐ終わると思って、お店などを経営していると、厳しい事態になる」と第一波の頃からお伝えしていたのです。

現実はどうなったのか、皆さんすでにご存知の通りです。

❻ コロナウイルス起源と霊的な弱点!?

新型コロナウイルスについて考えている時に、一つのビジョンが浮かんできました。

それは薄暗い洞窟の中に無数のコウモリが蠢《うごめ》いており、辺りが暗くなってきたかと思うと、いっせいに洞窟から飛び出し、世界中に飛び発って拡散するというものでした。

これは新型コロナウイルスそのものが、中国の雲南省の洞窟に住むコウモリ由来のコロナウイルスと近い遺伝子を持っている（約96％一致）と言われますので、そのことを暗示している意味が一つあります。

実は、新型コロナウイルスは、自然に発生したものではなく、人工的に作られたものである可能性があります。

新型コロナウイルスが発生した場所として、中国の武漢にある海鮮市場で売られていた、野生の動物などからヒトへと移ったと考えられています。しかし、このことについても当初から違和感を覚えていました。新型コロナウイルスは普通の病原菌などではなく、禍々しさのような、人の生み出した闇を感じさせるものでした。（この新型ウイルスの流行には自然発生ではなく、人工的な問題が潜んでいるのではないか？）と感じられたのです。

そこでまだパンデミックの起こる前、２０２０年1月25日の時点でそのことを示唆する『新型ウイルスは生物兵器の漏洩だった？』という記事を書きました。

「武漢市には中国で初となる、最高危険度のバイオセーフティーレベル4（BSL－4）の病原体を研究する施設が存在しています

武漢ウイルス研究所と呼ばれる施設で、正式名称は中国科学院武漢病毒研究所（中国科学院・武漢ウイルス研究所微生物菌毒種保存センター）と言います

ここでは危険な感染力のあるウイルスが保管されており、研究が進められています

（中略）ここで生物兵器となりうる新型のウイルスの開発を行っている可能性があります

同施設ではSARSの原因となったコロナウイルス病原体の研究も行っていたそうです

この施設で生物兵器として作り出されたウイルスが、外部に広まったのではないか？　という可能性があります

なぜ武漢市で感染が起こったかと考えた時に、同施設がすぐそばにあるのは偶然にしては奇妙であります」

このように世間に新型コロナウイルスの脅威が認識される以前から、このウイルスは人工的なものではないかとの警告記事を書いていました。

この武漢ウイルス研究所では、上記のコウモリから採取したコロナウイルスを研究していたと

言われています。

同研究所の主任を務める石正麗（シー・ツェンリ／Ｓｈｉ・Ｚｈｅｎｇｌｉ）という女性科学者は、２０１５年にコウモリ由来のウイルスをヒトの気道に感染させることのできる新しいタイプのコロナウイルスを作成したとして、世界中に名前が知られるようになった科学者です。通称バットウーマンと呼ばれていたとか。

上記のビジョンはコロナウイルスそのものが、もとはコウモリに由来するウイルスをもとにしたものであることを示す意味があったと思います

そして洞窟から這い出して来て世界に飛び立っていくというのも、生物兵器の研究所のような暗い所から、世界に広まることを暗示しているようにも感じます。さらにコロナウイルスの特徴や弱点を示してもいるように感じられました。

そこで２０２０年5月22日に書いたブログ記事『**コロナの闇には光で対抗する　コロナのスピリチュアルな意味**』では、以下のようにお伝えしました。

「この新型コロナウイルスの起源は、洞窟に住むコウモリが保有していたものだったと言われています

コウモリ由来のコロナウイルスが、人間にも感染して拡大を見せているものです

コウモリと言えば昼間は洞窟に住んで、夜になると獲物を探して出てくる生き物です

西洋のドラキュラのイメージもコウモリの特徴が強いですね

映画などでもドラキュラは日光に当たると弱るという設定が多いですが、このコウモリ由来のコロナウイルスも、日光には弱いようです

米国土安全保障省の発表では、新型コロナウイルスは特に日光に弱く、日光が当たる場所や高温・高湿度の環境下では、短い時間で威力が弱まると述べています

飛沫に含まれる空気中の新型コロナは暗い室内で1時間かけて威力が半減したのに対し、日光に当てた場合は90秒に短縮したそうです

このようにコロナは日光には弱いことが言われています

そしてもう一つ日光と関係があるのは、新型コロナが重症化する傾向のある国ではビタミンDの値が低い国であるとする分析もあります

米ノースウエスタン大学の調べでは、ビタミンDの値が低い人ほど、サイトカインストームを起こし、免疫の過剰反応で重症化しやすいと述べています

ビタミンDは、ひとが日光浴をすると体内に生成されることが知られています

サプリメントを利用しなくても、1日10~15分日光を浴びればよいとされます

ステイホームで自宅に籠ってばかりいると、かえって日光を浴びなくなってしまうため、ビタミンDが不足してしまう可能性があります

不思議なことに、新型コロナウイルスは闇を好み、光に弱い傾向があるようです

そこには霊的な意味も含まれていると感じます
闇と対峙するためには光が必要になります
各自が闇をはらうために、光を強める必要があるでしょう
こころが闇に囚われてしまうと、闇に飲み込まれやすくなってしまいます
光を増すことで闇は抑えられます
今回の新型コロナウイルスについても、物理的にも日光浴などを取り入れて、光を取り入れることが大切なように思います」

このように新型コロナウイルスもコウモリと同じように、光に弱く、光を取り入れることで防ぐ効果が期待できるのではないかと書きました。

実際にその後も、２０２１年7月5日の理化学研究所、日本大学、東京大学の共同発表『紫外線照射による新型コロナウイルス不活化のメカニズム』によれば、ＳＡＲＳ－ＣｏＶ－２（新型コロナウイルス）は、波長253・７ｎｍの紫外線を照射すると、ウイルスの感染性が99・99％減少することを実証しています。さらにその理由として、紫外線照射によるウイルスＲＮＡの損傷が原因だったことを明らかにしています。（https://www.riken.jp/press/2021/20210705_3/）

またビタミンＤについても、いくつかの研究で不足している人には、コロナ感染で重症化する割合が高いという報告があります。

これらはあくまでこの世的な効果として、日光に含まれる紫外線がコロナウイルスの不活化に効果があったり、日光を浴びることで体内にビタミンDが合成され、それがコロナにも有効という話でした。

ですがスピリチュアルな話をすると、それだけにとどまらず、コロナそのものが感染する要因の一つに、その人の持つ負の部分、ネガティブな部分に憑き、まるで霊が憑依するかのように、感染してしまうと感じられたのです。

実際に日本においても当初は、夜の店関係で新型コロナの広まりを見せました。

現実に夜の世界で働いているということもありますが、スピリチュアル的にもそのなかには闇の部分が潜んでいることもあります。

もちろん、すべての夜の仕事がそうだとは言いませんが、日中に働く仕事よりも、夜中に働く仕事をされている場合には、やはり闇の部分を抱えている割合も多いでしょう。霊的にも、夜の繁華街で遊んでいて、霊に憑依されることも多いのです。

政府や自治体などでは、ステイホームと言って、人々を家から出さないようにして、コロナを封じ込めようとしていましたが、それはかえって日光不足を招いて、感染拡大や重症化を招く結果をもたらすように危惧されたのです。

人は日光をしっかり浴びることで、精神的にも健全な考え方ができますし、ポジティブに生きる力が湧いてきます。一方で夜型の生活をしていると、考え方がマイナス思考になりやすくなり、精神面での健康を害する恐れも出てきます。

そうした負の働きが、コロナを広めてしまう霊的な力にもなっているように感じられるのです。

霊的にはそのように感じられました。

7 ワクチンの危険性

新型コロナの流行は、専門家らの意に反してパンデミックを引き起こし、そして何波もの感染流行の波が世界を襲うことになりました。

この不測の事態に対処すべく、世界の専門家らが出した解決策の一つが『コロナワクチン』の推進でした。

人類初となるｍＲＮＡワクチンが異例の速さで開発され、世界規模でワクチン接種が進められました。

人々はワクチンの早急な開発を喜び、我先にと接種を求めました。

日本においては２０２１年2月17日から医療従事者への優先接種が開始され、同年4月12日から高齢者への接種が開始されました。日本では多くの方が新型コロナワクチンを接種し、これによってコロナが終息すると思われていました。何せテレビに出てくる専門家らは、ワクチン接種によって集団免疫ができると、コロナは収束するとか、ワクチンを打った人はコロナに罹《かか》らなくなると言っていたからです。当初はワクチンによる予防効果は90％以上などと言われていました。しかし私は、当初からワクチンでは止められないのではないか？　という危惧を持っていました。

少し不気味ですが、以下のような夢を見ていました。

２０２１年8月20日『**海溝の震源地とワクチンの本質を暗示する夢**』（私のオンラインサロンに上げた記事）。

「（略）それともう一つ夢を見て、これは変わった夢ですが、周りが鬼だらけになるというものです（外の世界は鬼だらけとなり、鬼が徘徊しているため、私たち人間は出歩けなくなり、家の中に閉じこもっているという夢）

そして残された人たちも、鬼に対抗するためには、自分も鬼にならなければならないという結論になります

それでどうやったかは分かりませんが、残った人たちも鬼化していくという夢でした

この夢は、おそらく、鬼と言うのが新型コロナウイルスのことを指していたのだと思います

鬼は角が生えていますが、コロナウイルスも丸い頭のような部分から、角のような突起物をだしていますすね

ですので、周りが鬼だらけになるというのは、新型コロナの蔓延を意味しているのでしょう

実際に私の住む沖縄でも、新型コロナ流行が進んでいって、周囲に広まっています

こうした広まりを意味しているのでしょう

そして、鬼に対抗するためには、自分たちも鬼にならなくてはならないというのは、おそらくはワクチンを意味しているのでしょう

ワクチンを打つことで、自分たちも鬼になることで、鬼の害を防げるとするものです

そのような意味がある夢だったのではないかと感じられました

たしかに自分たちも鬼になれば、鬼の害は防げるかもしれませんが、それはネガティブな変質を意味しているのだと思います

鬼としてあらわされるのも、たんに病原菌で悪いものというだけでなく、ネガティブなものであることを意味しているでしょう

鬼というのは中国では霊魂のことを意味しますので、コロナ感染も一種の憑依のようなものであることを暗示している面もあると思います

ワクチンを打って対抗するというのも、霊的には、自分の中にネガティブなものを入れて、それで同化することで害を防ごうとすることなのかもしれません

ネガティブなものの憑依ということであれば、それをはじくためには、ポジティブな光で対抗していかないといけないでしょう

ワクチンそのものは打てば一時的に、コロナの害を防ぐこととなるかも知れませんが、それは霊的には自分の中にネガティブな要素を取り込むことで、それによって同化することで害を防ぐ

面があるのだと思います

そうした方法もあるでしょうが、逆にポジティブな面を高めていって、免疫力を高めるなどして、それによって防ぐという道もあるのだと思います」

コロナワクチンを接種すると、確かに一時的には感染しにくくなるようですが、しばらくすると免疫が低下してしまうとEUの保健局も注意を促しています。つまりワクチンには良い面だけではなく、リスクも存在しているのです。

上記の夢は、そうしたワクチンについての問題点を暗示する夢だったと思います。

そのため私はブログやオンラインサロンなどを通じて、ワクチン接種は慎重に検討することを勧めていました。

高齢者など、コロナ感染すると重症化するリスクの高い方なら分かりますが、死亡リスクの低い若者にまで、ワクチン接種を勧めるのはどうかと思います。

それでは高齢者のために若者の健康を犠牲にしているのではないでしょうか？　実際にワクチン接種後に若者らの間で、心筋炎や心膜炎の発症が増加しており、ワクチンとの因果関係が疑われています。若者たちへの接種は慎重にすべきでしょう。

そもそも、当初言われていたように、ワクチンさえ打てばコロナの流行を終わらせることができるとか、感染しなくなる効果があるのならまだよいですが、実際にはそんなことはなかったはずです。今の時点でも日本には第八波が襲っており、ワクチン接種はすでに五回接種まで進んでいます。一体あと何回打てば、コロナは止まるのでしょうか？　当初言われていた、ワクチンさえ打てば、周りにも広めずに、コロナを抑え込めるという話は何だったのでしょう？

きっとみんなコロナの不安に駆られて、ワクチンに淡い期待を夢見てしまっていたのではないでしょうか。

「コロナはワクチンでは止められない」という当初から指摘していたことが現実となってきています。

実際にワクチン接種の五回目が進められている日本でも、感染の波は収まらず、接種した人でも次々とコロナを発症する事例が増えています。これは当初想定していたようなワクチンの有効性が無かったことを示すでしょう。

そのことに専門家らは反省の弁は無く、当初言っていた感染予防やコロナを封じ込めるという話は今ではしなくなり、今度は重症化を予防するという話にいつの間にかすり替わっています。

多くの人は、ワクチン接種をすれば感染予防できると思わされ、周りの人に広めないために、すなわち公共の福祉のために打った（あるいは同調圧力で打たされた人も多い）かと思います。ですが実際にはそのような効果は無く、重症化を防ぐ効果を期待するだけのものとなっています。

そうであれば、ワクチン接種はあくまで本人の判断に任せるべきものであり、強制されたり圧力をかけられたりするものではありません。

残念ながらワクチン推進は、政府がコロナ対策のやっている感を出す目的に使われただけで、実際の効果は低いものだったと思います。むしろ健康被害も懸念されるのです。

さらに次のようなビジョンが浮かんできたことがあります。

広い庭にいくつもの果物の木と思われる植木鉢が並べられています。その青々と葉が茂った植物には芋虫が集っていました。どの鉢の木にも、たくさんの虫が付いていて、緑の葉を蝕んでいます。その虫たちを退治するために、白い防護服を着た作業員が、何かの薬剤を散布しています。霧状にかけられた薬で虫は苦しいようで、次々に枝からポトポトと落ち、土の上で丸まっています。

しかし、次の瞬間、その丸まった芋虫から羽の生えた虫が無数に飛び出していって、前より酷い害を与えているようでした。

虫というのは病気などを暗示することがあります。夢などで虫が発生しているのを見ると、それは病気が潜んでいるシグナルだったりします。

このビジョンについても、おそらく植物についている芋虫というのは、病原菌のこと、より詳しく言えばコロナウイルスのことでしょう。

いくつもの植木鉢が並べられているというのは、世界の国々のことを意味しているのだと思います。植木鉢一つが一国ということです。世界中で新型コロナが流行り、蝕まれていく様子を暗示しています。そして薬剤を散布して退治しようとしているのは、消毒なども意味しているでしょうが、おそらくは世界的に推し進められたコロナワクチンのことを暗示しているでしょう。

薬剤により芋虫は弱りますが、その体から羽の生えた虫がさらに無数に出てきてしまいます。つまりコロナワクチンによって、もともとの虫（旧型コロナウイルス）は弱まっていきますが、それはかえって薬剤＝ワクチンの効かない変異種を広める結果になるという意味です。

ワクチンによってコロナを封じ込めるという作戦は、残念ながらうまくいかず、逆に変異種を生みだして、それらが次のパンデミックを引き起こすことを示しています。

実際に現状を見ても、ワクチン接種は進んでいながら、コロナの流行は収まりを見せずに、かえって感染力の強い変異種が現れ、大きな感染の波を引き起こしています。ワクチン政策はうまくいっていないと思われるのです。

ですが新型コロナワクチンについては政府や専門家らをはじめ、既存メディアも積極的に進める姿勢を見せています。

新型コロナワクチン接種推進担当大臣だった河野太郎氏は、ワクチンのさまざまな懸念事項をすべてデマと切り捨てて、積極的にワクチンを推奨してきました。

もちろん、ネットを中心にささやかれているワクチンの情報には、デマも多くあるでしょう。たとえばワクチンの中にマイクロチップが組み込まれていて、接種をした人は意のままに動かされるとか、タグ付けされて監視される、5Gにつながるなどの話や、接種者は数年以内に全員死んでしまうという怖いものまであります。これらは人々の恐怖心によって生み出されたデマであると思いますが、ワクチンに対する疑問のすべてが間違いだとは言えません。世界中にワクチン接種後に体調を崩され、なかには心筋炎など重い病気になり、亡くなられた方も出ています。

2022年11月11日の厚労省の発表によれば、ワクチン接種後に死亡した人の数は1908件にのぼったと報告されています。しかし、これだけの死者を出しても、ワクチンとの因果関係は不明としています。

いったい彼ら彼女らはどうして亡くなったのでしょうか?

もちろんなかには偶然に、ワクチン接種後に別な要因で亡くなる方もいらっしゃるでしょう。しかし、その数字の中には、ワクチンによる影響で亡くなられた方も相当数含まれているのではないかと考えられます。

しかもこれらの数字は、医者からワクチン接種の副反応が疑われる事例として報告が上がったものだけであり、現実の被害者のほんの氷山の一角にしか過ぎないのです。なぜならワクチン接種をしている医者自身が、自分たちの打った注射で死亡したと疑い、報告をあげるのは極めてまれだと思えるからです。大抵の医者は、ワクチン接種とは関係ないとして、死亡を片づけているはずです。

また2022年11月には、「コロナワクチン被害者遺族の会」が発足し、ワクチン接種後に家族を亡くされた方々が、医療現場ではワクチンとの因果関係を認めてもらえず、その死が闇に葬られそうになっている惨状を訴えています。

はたしてワクチンは製薬会社や政府、専門家らが言っているように、安全性の高いものなのでしょうか？　おそらくこれからワクチンの被害が徐々に明らかになってくると思います。

またワクチンを暗示する夢で、みんなが鬼になることで、鬼の害を防ぐというものがありましたが、ご存知のように鬼には角が生えています。コロナウイルスも特徴的なのがスパイクタンパク質という突起が付いているものです。角は生き物に刺さって害を与えるのと同様、ワクチン接種で体内に産生されるスパイクタンパク質そのものが、人体に有害な働きをする恐れがあると感じられます。

すでにそれを示す研究結果も発表されていますが、今後ますます知られていくようになるでしょう。おそらく新型コロナワクチンは、かつてないほどの薬害を生みだしたとして、後の世に知られるようになるでしょう。

❽ 店から品物が消えた日

まだ多くの日本人が、新型コロナを対岸の火事だと思っていたころから、日本でも、そして世界でも感染が広がること、つまりパンデミックを警告してきました。ですが多くの国民は、そんなことになるとは露ほども思わずに、専門家らの言う甘い見通しを信じていたことはすでに述べました。そんな楽観視をしていた人たちが、いざパンデミックが現実となった姿をみたらどうなるでしょう？　きっと彼らはパニックを起こして、思わぬ行動に出るに違いありません。おそらくコロナが世界的な流行となるのを見て、不安や恐怖にかられた人々は、かつてのオイル・ショック時のように、トイレットペーパーを買い占めるなど、異常な行動をするだろうと予見しました。

そのため私のオンラインサロンでは、会員の方に以下のような警告を述べて、事前に備えておくように伝えていました。

２０２０年2月18日『**災害のための備蓄**』。

「**日本でも流行が拡散すれば、外出が自粛されて、品物も不足する事態が考えられます**
食料品以外にも、日用品などが不足する事態もあるでしょう
香港ではトイレットペーパーが品不足になるなどがおこったようです
食料品以外にも、日用品をストックしておくのもいいと思います」

これを読んだ会員の方は、事前にあらかじめ日用品などをストックされました。

そしてこの記事を書いてから十日後、日本でトイレットペーパーや紙おむつなどが無くなるのではないかというデマ情報を受けて、各地で品不足が現実となったのです。

もちろんこれらは製造に問題はなかったのに、一時的にパニック買いによる大量購入が発生したため、店頭から品物が品切れになっただけでした。

店頭で品切れになったのを見て、さらにパニックになって購入する人が押し寄せるという悪循環が発生したのです。

あらかじめコロナパンデミックを覚悟していたなら、このような愚かな姿を見せなかったでしょう。パンデミックになることを信じず、せせら笑っていた人たちが、いざ現実となってパニックになり、恐怖心に飲まれて起こした醜態でした。

ほかにもマスクが不足し、消毒液が店頭から姿を消すなども起こりました。

私の言ったことを信じて、これらをあらかじめストックしていた人は、周囲から笑われてしまっていましたが、現実に目の前で品不足が発生することで、今度は笑っていた人たちが慌てふためく事態となりました。

予見して備えていた人は、心にゆとりが生まれますが、予想に反して悪い事態に直面すると、人は狼狽しておかしな行動をとるものです。

❾ ウクライナ侵攻とロシアの戦略

2022年2月24日、ロシアがウクライナに対して侵攻を開始しました。

多くの専門家らの予想では、「ロシアが実際にウクライナに侵攻するはずはない」という意見が大勢でした。しかしロシアによるウクライナ侵攻は現実となっています。

この件について22年の年始に書いた、その年の世界情勢を見通した記事で、ロシアとウクライナの紛争が起こる可能性が高いことと、その理由についてもすでに述べていました。

2022年1月4日、『今年の国際問題』より抜粋。

「ロシアがウクライナの国境沿いに大規模な軍隊を集結させ、緊張が高まっています

ウクライナがNATOに入ろうとする動きをけん制するためです

NATOはもともと反ソ連同盟のようなものですので、そこにウクライナが加盟するのをロシアのプーチンは許さないとしています

欧米ではいまだにソ連時代の名残もあって、ロシアに対して反発姿勢は強いです

そのため強硬に出ているロシアに批判が高まっていますが、ロシアの言い分も一理あります

かつて冷戦時代には、NATOをこれ以上ロシア側に増やさないという約束を米ソでしていた

のですが、それが破られてきています
そしてNATO（加盟国）がどんどん増えていって、ついにロシアの喉もとのウクライナまで入ろうとしています
ウクライナはロシアの隣国で、モスクワからも近いですから、もしもここにNATO軍のミサイル（基地）でも敷かれたら（つくられたら）、ロシアにとっては致命的になります
かつてのキューバ危機の際に、キューバにソ連の核ミサイルが持ち込まれようとするのを、米国のケネディ（大統領）が止めたことがありますが、それに近いように感じます
キューバは社会主義国ではありましたが、アメリカの目と鼻の先であり、ここにソ連の核ミサイルが持ち込まれたら、アメリカは大変な危機になります
そのため絶対に持ち込ませないとして、ケネディは海上封鎖までして、ミサイル配備を防ぎました
これと似たようなことが立場を変えて起こっているような感じです
ソ連（ロシア）にとっては、ウクライナがNATO入りするのを何としても防ぎたいでしょう
そういうことで、このウクライナについても、いま紛争の懸念が高まっています」
かつて米大統領のジョン・F・ケネディは、ソ連がキューバに核ミサイル基地を建設していることを知り、核戦争の覚悟を決めてキューバを海上封鎖しました（1962年）。それと同じよ

うに、ロシアのプーチン大統領も、ウクライナのNATO入りは絶対に許さないだろうと予想していたのです。

これはこの世的な知識で判断したというよりは、霊的にその国のリーダーの資質を感じ取って判断しているのです。

今回の場合には、プーチン大統領の人物について霊的に感じ取り、おそらくこの問題では引かないだろうと感じ取ったということです。

専門家の方々は、おそらくこの世の知識を集めて判断していると思いますが、間違ってしまうことも多々あります。たとえばほかの例で言えば、中国の習近平が国家主席になった頃は、日本や欧米の中国の専門家の意見として、習近平は穏健派だという話をしていました。しかし、私には習氏は恐ろしい独裁者の資質を持った人物のように感じられたのです。

実際にその後の流れを観ましても、新疆ウイグル自治区への弾圧を強め、香港へも弾圧を強め、異例の三期目に就任し、周りを自分の息のかかった人物で固めるなど、独裁者的な資質が現れてきていると思います。この世的な知識で判断すると、その人物の真の姿を見落としてしまうことがあるのです。

ちなみに余談ですが、『三国志』などを読むと、軍師が敵将の先々の作戦を予見し、それを打ち破る作戦を立てたりしています。これなども優れた軍師は、霊的な資質があって、先の未来を予知したり、敵将の考えを霊的に見通す力があったのだと思います。だからこそ敵を手玉に取るような天才軍師の活躍があったのでしょう。

さらにウクライナ侵攻の二週間ほど前には、具体的にロシアによる侵攻の作戦を具体的に予見して述べていました。

２０２２年2月10日のサロン記事『脱炭素運動や国際情勢からみる危機』より抜粋。

「**大方の読みとしては、ロシアは見せかけであり、実際には戦闘に発展しないだろうといっています**

ですが、そうとばかりは限りません

ウクライナにも親ロシアの勢力地域がありますので、その保護の目的で、進駐することは十分に考えられます

さらにその先に進んでいって、ドニプロ（ドニエプル）川の東側まで勢力圏に置くかもしれません

全面占領まではいかなくても、こうした部分的な戦争は起こりえるでしょう」

実際にロシアは開戦すると、ドニプロ川の東側にある親ロシア勢力のあるルハンシク州やドネツク州などを中心に占領を行っています。

米国などはウクライナがEUに接近すれば、ロシアが黙っていないと分かっていたでしょうが、あえて挑発させ、開戦させたように見えます。

バイデン大統領はあえてロシアを開戦に向かわせたのです。

この戦争には、メディアでは伝えられていないさまざまな世界の闇が関係しているように感じます。正義と思っていたものが悪であったという驚くべき逆転劇が、現実にあることは知っておいていただきたいと願います。

ロシアの当初の軍事作戦として、ウクライナの首都キーウ（キエフ）近郊までロシアが軍を進めていたため、首都の陥落や、全面的な占領を狙っているという話もよく聞きました。

ですがキーウに迫っていたロシア軍は、踵を返して戻っていきました。

これについて「首都キーウを占領できなかったので、ロシア軍は撤退したのだ」という意見も聞かれました。

もしもロシアが当初から首都の制圧を狙っていて、それができずに撤退したのなら、おかしな点があります。あまりにキーウへの攻撃がなされていなかったことです。

当初はロシアからの侵攻があるものとして、キーウからの映像がライブでネットに流されたりしていましたが、実際にはほとんど攻撃はされず、一部のインフラにピンポイント攻撃があったくらいです。もしも本気で攻略する気であれば、もっと本格的な攻撃を仕掛けていたでしょう。

つまり首都に侵攻しているると見せかけているのは作戦上のフェイクであり、そこにウクライナ軍の守備を足止めさせて、その間に真の狙いのほうに侵攻を進めていたのが実際の作戦だったのです。ロシア軍はウクライナ東部の親ロシア派の多く住む地域を中心に侵攻しています。

さらに開戦後の3月6日には、ロシア軍の作戦について再度指摘をしました。

『ロシアの戦略　戦争の終わりはどこか』

「開戦前にロシアは、ウクライナ全土ではなく、東部を押える考えではないかと書いたことがあります

ウクライナの東部にはロシア派の住人が多く住んでいますので、まずここは押えておきたいと思うでしょう。そして南部も、クリミア半島に通じる海岸沿いは、陸のルートとして確保しておきたいと思っているはずです

そのため、ロシアは東部と南部を押えることで、あとは停戦に持ち込む考えがあると思います

全土を制圧する意図は、いまのところないでしょう

ウクライナの首都のキーウの手前で、ロシア軍が止まっていることについて、ウクライナ軍の抵抗が強いからだとか、補給が追い付いていないからだとか、いろいろ言われていますが、実際にはおとりの作戦の可能性があるでしょう（当時はまだキーウ近郊にロシア軍が進駐していた）

首都に攻め入ると見せかけて、そこに防衛（兵力）を割かせて、その間に南部と東部の主要部

分を押えるという戦略です

今のロシアの動きを見ていると、その通りに動いているように思われます。ですので、キーウには戦略的にあえて侵攻していなくて、手間取っているわけではないと思います

プーチンとしても、おそらくは東部と南部の沿岸を押えれば、あとは停戦を考えていると思います。ウクライナ全土を押えるつもりなら、もうキーウへの攻略はしているでしょう

ただ、ウクライナ側が交渉に応じず、ロシアの主張を受け入れなくて、南部と東部からの撤退を断固求めるなら、さらなる侵攻もありえます

プーチンとしては、ここら辺で手を打っておきたいと考えているかと思います

なるべく早く終結することを望んでいます

でなければ、さらなる混乱が世界を襲いますし、多くの血が流れることとなります

ウクライナ側や米国などが強硬に徹底抗戦を求めれば、世界的にも非常に厳しい状況が加速すると思います

なるべく早く停戦して、混乱を収めることを願います」

実際にこの通りになってきて、ロシア軍はウクライナの東部と、クリミア半島に通じる南部地域のドニプロ川より東を占領しています。

ロシアの動きは予見していた通りになっております。ここで停戦をする考えがロシアのプーチ

ン大統領にはあると思われますが、ウクライナのゼレンスキー大統領の側は、ロシアを追い出すまで徹底抗戦の構えですので、戦争は長期化しています。

10 ロシア制裁によって逆に欧米や日本が苦境に立たされる

ロシアのウクライナ侵攻を受けて、米国と欧州、それに日本政府は、ロシアへの制裁を強めました。特に米国はロシアの複数の銀行をＳＷＩＦＴ（スウィフト）から排除しました。

ＳＷＩＦＴというのは国際銀行間で取引を担う決済網なのですが、ここから排除する制裁は「経済制裁の最終兵器」とも言われています（ただしロシアのすべての銀行が排除されたのではなく、一部にとどまった）。

そのほかにも、半導体など戦略物資をロシアに輸出しないようにしたり、ロシア産の資源の輸入停止などをおこなったり、ロシアの要人の資産を凍結するなどの制裁を科しています。

日本も珍しく率先して、ロシアへ積極的な制裁に動いています。ただ、岸田総理がロシア制裁へ積極的な理由は、単にロシアの軍事侵攻を非難し、ウクライナに同情しているだけが理由ではないようです。

私が感じるのは、岸田総理は、凶弾に倒れて国葬となられた前総理の安倍晋三氏が、プーチン大統領と何度も会談し、日ロ関係を深めていった功績を、ご破算にしたいという思惑があったように感じられます。

故・安倍首相に対して、何か個人的な恨みのようなものを持っているのではないかと感じられるのです。そのため安倍さんの功績となるロシアとの関係を壊して、無駄にしたかった思惑があったのでしょう。

そして欧米と日本とがロシアへの制裁に動く中、ロシア制裁によってむしろ制裁した側の日米欧が苦境に立たされるという指摘を、開戦直後にサロンの記事で指摘していました。

2022年2月25日の記事『ウクライナ戦争の責任とその後の日本や欧米への影響』より抜粋。

「そして今後は、欧米や日本でも、さらなるロシアへの制裁が強まるでしょう
輸出入を制限するような制裁を強めていくと思います
ですが、ロシアはエネルギーや食糧の輸出大国であり（中略）これらを輸出しなくなれば、世界的な混乱に陥ります
ロシアは欧米に輸出できなくなった分は、おそらくは中国に輸出することでバランスを取ろうとするでしょう（中略）中国とロシアが歩調を合わせて、肥料の輸出を制限すれば、逆に欧米やそれらの追随する国の方で、エネルギー危機や食糧危機が襲ってくる恐れがあります
むしろ制裁した側が危機に陥る可能性が出てくるのです
そうしてロシアは譲歩を引き出そうとするでしょう

そのように、ロシアが今後厳しくなるのではなく、制裁する側の欧米や日本などにこれから危機がやってくる可能性が高いのです

そうしたことも考えに入れていた方がいいでしょう」

実際にロシア制裁後には、欧米で天然ガスの高騰など、資源価格の上昇を受けて、歴史的なインフレが襲っています。ユーロ圏では２０２２年10月にインフレ率が大台の10・７％になっています。米国の10月のインフレ率は７・７％となっています。

日本でもインフレ率は12月に４％の上昇となり40年ぶりの高い伸び率となっています。

この数字だけ見ると、日本は欧米に比べてまだ低いように思われますが、日本の企業物価指数は２０２２年12月の速報値で10・２％という極めて高い数値となっており、長年デフレが続いてきた日本では、企業が仕入れコスト増を商品の価格に転嫁できずにいる状況がこの数値から見て取れます。

開戦当初から予見していた通り、ロシアへの経済制裁は強化されるが、逆に制裁した側の日欧米が苦しくなるという予見は現実となってきています。

これからさらなる危機が訪れるのではないかと危惧しています。

⑪ 金（ゴールド）の上昇

リーマン・ショックの起こる前に、大量の紙幣を紙くずのように燃やすビジョンを見たという話を先に書きました。これは象徴的な意味であり、通貨の信用が落ちることを意味しています。

さらにその後にも、各国の通貨が下落するという予感が高まってきたため、オンラインサロンでは資産の一部をゴールドに替えて持っていたほうがよいという話もさせて頂いきました。

２０１６年10月1日の記事『**金融危機への対処法**』より抜粋。

「もしも将来的に円も落ちていくとなると、円だけでお金をもっていると、その価値が落ちていってしまいます

そのように世界的に通貨の価値が落ちていく場合には、どうしたらよいかというと、通貨以外の、ゴールドなどとして、一部を持っておくという方法があります

ユダヤ人なども、通貨が信用ならないとして、金（ゴールド）を持つことが多かったようです

もし、日本でもインフレのための対処をしておくとすると、資産の一部をゴールドとして持っておくのがよいでしょう」

この記事を書いた当時のゴールドの価格を調べてみると、田中貴金属の公式サイトでは、２０１６年10月の平均価格が１グラム４２７６円となっています。

そして記事を書いている２０２３年１月29日の価格を見ると、小売り価格８９２７円、買い取り価格８８０７円となっています。

私がゴールドの保有を勧めてから、この６年の間に約２倍になったことになります。当時からのサロンメンバーで、記事を参考に、実際にゴールドを持たれた方からは感謝されています。

このように経済面でも実際に予知が現実となっていくことがあります。

⑫ 株価の下落の的中

ゴールド以外にも、最近の予見では、株価の下落を夢に見て、現実となったことがあります。

２０２１年９月29日、オンラインサロン内の見た夢を紹介する場所に、以下のような短い投稿をしました。

「今朝の夢、知らない数人の人が話をしていて、
『今週から落ちるね』というような話をしていた
どうやら株が落ちるらしいことを話しているようだった」

夢の中で見知らぬ人たち数人で、おそらくは3人くらい？　で会議室で何かの会議のようなものをしていて、そこで話し合われた内容には、『今週から落ちるね』という会話があったという簡単な内容の夢でした。

早朝に見た夢を思い出して、おそらくこれから株価が落ちてくるという話し合いをしていたらしいと感じ取りました。

ちょうどまさにこの日、2021年の9月29日には、前日まで3万円台を付けていた日経平均株価が、3万円を割り込んで、執筆時2023年1月29日まで、3万円を回復することはありませんでした。

まさに夢が現実となっています。

これは単に株価が下がるというだけでなく、新しい政権になってから、経済的に日本が落ちていくことを意味していたと思います。下り坂を転げるように、日本経済も現政権下で良くない状況となっていると思います。

13 肥料の高騰

2022年はエネルギー価格の上昇から、さまざまな品が値上がりし、私たちの生活に影響を与えました。全体的なことについてはまた次節で述べたいと思いますが、特に農家さんにとって重大だったものに肥料価格の高騰があります。

多くの農家さんが肥料を仕入れるＪＡ全農では、２０２２年６月から10月の肥料（秋肥）価格を、複合肥料で55％、塩化カリ80％、リン酸質の過石25％、輸入尿素に至っては94％の値上げを発表しました。

さらに11月から翌年5月の春肥についても、輸入尿素はマイナス９％と下がったものの、その他の肥料は軒並み二ケタ台の値上がりを発表しています。

大手マスコミなどのニュースではほとんど取り上げられていませんが、農家さんにとっては相当な衝撃だったでしょう。

こうした事態についても、すでに２０２１年の段階から、私からは警告を発していました。

２０２１年11月17日のサロン記事『**世界的肥料不足や高騰により食料生産に影響**』より抜粋します。

「今日のタイトルで書いているように、化学肥料の不足や高騰が今後深刻化していって、農作物の生産に影響が出てきます

肥料というのは、ご存知のように、作物を育てるために必要な植物の栄養分です（中略）これらの要素によって、肥料の高騰や、品不足が今後も起こってくると思われます

そうなると、農家のみなさまは、作物を作るために、いままでより余計にお金がかかりますから、食料も値上がりしていきます
また、肥料を減らして育てなくてはいけなくなり、生産量の低下につながります
肥料の高騰や不足が、今後起こってくると思われますので、食料についても値上がりや不足が、さらに起こってくるでしょう
日本ではまだ、肥料は値上がりしていると聞きませんので、農家の方など、肥料を使われるかたは、必要な分は確保しておいた方がよいかと思います
もちろん買い占めはいけませんが、使う分の備蓄はしておいてよいと思います」

その後、年が明けて２０２２年になると、ウクライナ紛争が起こり、肥料価格は実際に高騰していきます。欧米から経済制裁を受けたロシアやベラルーシは肥料の輸出大国でもあるのです。

そして先述のように肥料の高騰が日本でも現実に起こっているのです。

私の体感としても、この記事を書いた当初は、近くのホームセンターで複合肥料の14－14－14が20ｋｇで１０００円台半ばだったのですが、今では（２０２２年12月）３０００円台後半に跳ね上がっています。

作物を作る農家さんなどは、ただでさえ利益の薄い商売をされているのに、ますます大変になっていると思います。農家の高齢化もあって、離農者は増大していくのではないかと懸念しています。

このように2021年からサロンでは警告を発していたため、農家を営まれている会員の方には、事前に肥料を買い付けている方もいらして、大変助かったと喜ばれました。

危機を事前に察知して、回避することは大切です。

14 世界的なインフレの発生、そしてスタグフレーションへ

今、世界的なインフレが高進しています。

欧米などの先進国を中心に歴史的なインフレが進み、日本でも40年ぶりとなる水準で進んでいます。

2022年に入り、ようやく経済専門家らの間でも、インフレや不況を伴うインフレ（＝スタグフレーション）の話が賑わってきました。しかし、私の方では2021年の半ばごろから、世界がインフレに進んでいくことや、不況が来ること、インフレへの対応策についてサロン上で何度も指摘していました。

その中の一つで、比較的早い段階で書いた2021年5月21日のサロン記事『**インフレに向かう世界**』から抜粋します。

「世界的に見ても、コロナ禍を乗り越えるために、お金をじゃぶじゃぶと流しています（中略）こうしたことは何時までも続くわけはありませんので、いつかは代償を払わなくてはならないでしょう

それがいわゆるインフレとなって世界に跳ね返りそうな感じがします

徐々に値上がり商品が増えたり、内容量が減らされたりしていますが、まだものがあるうちは何とか値上がり程度で済んでいるでしょう

もしも実際に穀物などが需要に追い付かなくなったら、一気にインフレが加速する恐れがあります

そうした可能性を秘めているということです

もう一つの懸念として、お金を撒きすぎて、金融問題でインフレとなっていく恐れも高いです

今すぐというわけではないかも知れませんが、二、三年もすれば問題が深刻化して、手の付けられないインフレが発生する恐れがあります

この時には、金融を引き締めなければならなくなるので、今度は一斉にお金を絞ってきます

すると、日本でバブル崩壊が起こった時のように、今度は世界規模でのバブル崩壊が起こるでしょう

いま世界は一生懸命にバブルを膨らませているところです

しかし、バブルはいつか弾けるものです

それが何時になるかは分かりませんが、いずれはじけ飛んでしまうでしょう
そうした危機的な状況にいま世界はあるのだという認識を持っていたほうがいいと思います
コロナは短期で終わると思って、バブルを作って乗り切ろうとしていましたが、長期化するにつれて、バブルの問題は深刻化する一方です
世界経済は危険ながけっぷちを渡り歩いていると思われます」

２０２２年に入り、上記で予見していたように、世界はインフレに見舞われています。そしてインフレを抑えるために、各国は必死に政策金利の引き上げをしています。

ＦＲＢ（米国連邦準備制度理事会）の２０２２年11月の発表によると、政策金利の誘導目標を０・75％引き上げ、３・75～４・00％とすることを決定しました。

一年以上前に予見した通り、世界はインフレになり、さらに金利の引き上げが行われています。サロン記事ではさらにインフレが手の付けられない状況になること、金利引き締めにより、世界経済が危険な状態に入っていく未来まで述べています。

これからの未来については、後の章でまたお話ししたいと思います。

ちなみに余談ですが、21年の段階ではまさか日本でもインフレが進むと予想した人はほとんどおらず、周囲の人に話しても現実味を感じられず、ただポカンとするばかりでした。

これから日本でもインフレが進み、金利の引き上げもあるとサロンでも述べておりました。そのため住宅ローンなどを固定金利にした方がよいという話もさせて頂いていました。

実際に銀行に話を聞きに行ったのですが、その時に「日本でもこれからインフレになるかもしれない」と話すと、担当の行員さんでも信じられないといった様子で話を聞いていました。日本ではデフレが30年以上続いており、政府と日銀はデフレ脱却を目指して努力していましたが、いまだにできずにいる状況でした。それがまさかこれからインフレに入っていくなど、予想できなかったのでしょう。

しかし、実際にいま、日本は日銀が掲げていたインフレ目標の2％を超えて、倍の4％まで物価上昇が進んでいます。

おそらく2023年には、さらなる上昇が待っているでしょう。

常識が崩れていく日が来ていても、事前に目が覚めている人は少ないと言えます。

最近では新規で住宅ローンを借りる人には、固定金利を検討する人が多いと聞きます。

私の予知は少し早すぎたのかも知れません。

ちなみにスタグフレーションという言葉も、世間では2022年に入ってやたら言われ出しましたが、すでに2021年から私のサロンでは世界的にスタグフレーションに入ることを予知して指摘していました。その頃の記事を少し紹介します。

2021年5月18日『**経済は戦後最悪となる落ち込み**』より抜粋。

「世界各国の政府は、このコロナ禍による経済的な危機を、金融緩和によって乗り越えようとしました
つまりお金をたくさん刷って、しのごうとしているのです
そのため、倒産寸前の企業にもお金が回り、バブルが発生する要因になりました
しかしバブルはいつか弾けるものです
金融緩和したことによるつけも払わされるでしょう
それはバブル崩壊であったり、インフレとして起ころうとしているように見えます
世界では長年デフレが続いていました
日本でもここしばらくはずっとデフレ脱却がテーマでした
デフレというのはモノが余って、物の値段が下がっていくことをいいます
消費者にとっては物の値段が下がるのは、購入しやすくてよいと考えるかもしれませんが、たいていは収入も減っていくため、生活は楽になりません
実際に日本では、物の値段もどんどん下がっていきましたが、それ以上に収入も減ってきたため、経済的によろしくない状況が続いていました
それがコロナ禍によって逆のインフレに向かおうとしています
インフレは物の値段が上がっていく現象ですが、それと同時に売り上げや収入も増えてくれば、好景気と言われる状況になります

しかし、失業率も増えながら、物の値段だけ上がっていくとなると、生活はたいへん厳しくなります

景気が後退していく中でインフレが同時進行する現象のことをスタグフレーションといいます

世界的にこのスタグフレーションになりそうな感じがしてきています」

世界的にインフレが進むことはすでに現実となりました。さらにインフレを抑えるため欧米などでは政策金利を引き上げています。すると金利が高くなるため、お金を借りる人も減ってしまい、景気が悪くなります。

今までコロナ禍でお店などが開けなかったり、旅行する人がいなくなり、旅行業界などで働けなくなったりして、困った人が多く出たため、政府は補助金などをたくさん出していきました。日本政府も国民一人当たり十万円給付などをやっていました。

さらに医療関係にもコロナの病床確保だとか、ワクチン接種を進めたり、ＰＣＲ検査を進めたりする過程で、たくさんのお金が流れています。

このように大量のお金を刷って配ったために、いま世界はインフレが進んでいるのです。

さらにコロナ禍による物流の混乱や、ウクライナ紛争なども影を落としているでしょう。

インフレが高進してきたため、今度は金利を引き上げ、そのために景気も悪化していきます。

このままインフレが抑えられなければ、景気が悪くなる中で、インフレが進行するという、経済

では最悪の状況と言われるスタグフレーションが起こります。

欧米を中心に起こりそうな予感がしますが、日本も例外ではなく、いずれは景気悪化の波を被ることとなるでしょう。スタグフレーションに陥っていくとする予知は、現実のものとなりつつあります。

⓯ 地震や噴火、津波

これまでいろんな予知についてお話ししてきましたが、地震や噴火、津波等の天災についても現実となった警告が多くあります。

数が多いため、一つずつ細かく取り上げるとページが無駄に増えるので、近年のものいくつか簡単に紹介いたします。

宮城県沖M7・2

２０２１年3月5日、『地震に注意』サロン記事より抜粋。

「特に東日本大震災と同じような東北の太平洋側で地震の発生が迫っているように感じられます」

2021年3月15日、『今後の災害　和歌山の地震』同上。

「東北沖、関東沖、そして紀伊半島での災害を心配しています
もし津波が発生した場合には、まさかここまでは来るはずがないと思えるところでも、避難をしたほうがいいと思います
想像を超えるような津波がきて、内陸部まで押し寄せる可能性もあります
上記以外でも、自分の住んでいる所の海抜などを確認し、近くで海抜の高い所、避難できるところは何処かをあらかじめ検討しておくことです」

2021年3月16日、『地震の予兆が現れています』同上。

「昨日も和歌山で気になる地震が発生したところですし、やはりここ一か月くらいは特に地震や津波などに注意されていた方がよいと思います」

このように何度もサロンの方で特に東北の太平洋側での地震に注意するように促していました。そして2021年3月20日。宮城県沖でM7・2の大きな地震が発生し、震度5強の揺れと、東日本大震災以来となる津波警報が出されました。

東日本大震災の経験もあり、宮城県にお住まいの方は、急いで高台に避難された方も多くいらっしゃったようです。幸いにその時には大きな津波は発生しなかったため、深刻な被害は出ていません。しかし、久しぶりの津波警報となり、肝をつぶした方も多かったのではないかと思います。

岩手沖、千葉県沖地震

２０２１年９月22日、**『地震、噴火、経済危機、食糧難、コロナ等、さまざまな問題』**サロン記事より抜粋。

「現在は、北海道から東北にかけてと、関東での二つの地点が特に（震災の）緊張が高まっているように思われます」と注意を促す記事を書きました。

同年10月６日、岩手県沖を震源とする地震により、青森県で震度５強を観測する地震が発生。またその翌７日の夜、千葉県沖でＭ６・１の地震が発生、東京都と埼玉県で、震度５強の強い揺れが長期間観測されました。これは東日本大震災が起こって以来の関東での大きな揺れでした。

このように気がかりだった東北と関東で、大きな揺れが実際に起こりました。

沖縄県津波注意報

２０２２年９月11日、沖縄の県知事選が行われました。開票速報が出て玉城デニー氏の当確が流れていた時でした。遠くで何か爆発するような音が鳴ったかと思うと、ゴゴゴゴゴッという地鳴りのような音と共に家が揺れ出しました。私の住んでいた沖縄地方では、震度2の地震が発生したのですが、体感的にはもっと怖さを感じる揺れでした。

そこで地震の起こった霊的意味を探るべく、瞑想をしてみた時に、以下のようなビジョンが見え、翌日、ブログ記事にしました。

2022年9月12日、『沖縄知事選直後に発生した地震の霊的意味』より抜粋。

「その霊的意味について、私が感じ取ると、このようなビジョンが見えました
浜辺で何かの儀式をしている人々がいます
それはどうやら海の方からくる災いを、防ぐための霊的な防衛のようなのです
何か津波のようなものが押し寄せるのを、防ぐために霊的に戦っているようでした」

そしてこのビジョンを見た1週間後の9月18日、台湾を震源地とする地震により、沖縄県で津波注意報が発令されました。ちょうど本土では台風14号が上陸していたこともあり、あまり取り上げられてはいませんでしたが、津波注意報が出るのは珍しい出来事です。幸い大きな被害とはなりませんでしたが、霊的に守られたのかと感じられます。

沖縄に津波の可能性があるといった1週間後に、実際に沖縄で津波注意報が出たのはただの偶然ではなかったと思います。

火山噴火の災害

２０２１年12月３日、『地震が続く次の注意』ブログ記事より抜粋。

「そして、地震だけではなくて、今後は火山の噴火なども要注意と感じられます世界的にも火山の噴火が活発化していて、小笠原諸島でも大きな噴火がありましたが、今後は日本でも噴火の可能性が高まっていくと思われます」

このように次は火山の被害が発生するのではないかと述べておりましたが、記事を書いた翌月の1月15日、トンガで大規模な海底噴火があり、日本にも津波が押し寄せる事態となりました。この津波により、高知県や徳島県、三重県などでは漁船が沈没したり転覆する被害が発生しています。

日本国内での噴火ではありませんでしたが、海外の火山噴火によって、日本にも被害が発生する事態となりました。

第2章

これから人類に訪れる危機

❶ 人類に訪れる大患難の時代と希望の光

これからの約30年間、人類は大患難の時代に入ります。すでに２０２０年から大患難に突入しており、２０３７年を峠として２０５０年までの期間、この時代が聖書でも予言されてきた、人類にとって終末とも言われる大患難の時代を経験すると感じられるのです。

２０２０年に入ってから新型コロナによるパンデミックや、２０２２年のウクライナ紛争が起こり、混迷の時代に入ってきています。さらにさまざまな試練が、人類を襲ってくるでしょう。しかし、その先には希望の光も見えてくるのです。

それはあたかもパンドラの箱を開けた時のように、諸々の災厄が世の中に飛び出していきますが、その箱の底には、希望が残されるのです。

これからどのような出来事がやって来るのか、私の感じることについて順を追って話していきたいと思います。

現代こそ聖書や数々の予言で言われていた、人類の終末に訪れる大患難の時代であり、地球が変わっていく時期にあたります。

❷ 予知とパラレルワールド

未来について述べるにあたり、先にお伝えしておきたいのは、未来というのは不変で確定しているものではなく、私たちのこれからの選択によって、別な方向に変化しうるのです。

たとえば、みなさんが電車に乗っていると想像してみてください。この電車はＡ駅から出発して、次のＢ駅に着きます。普通に乗っていれば、皆さんはＢ駅に到着するはずです。

線路の向かう先を知っている者からすれば、次にＢ駅に到着するのが分かるはずです。未来を予知するというのはこれに近くて、このまま行けば、どの駅に着くのかが見て取れるというものです。霊的世界においては、地上の人には分からないような俯瞰した場所から物事を見て、その先の未来を予知したりします。

ですが、違う未来に進むこともあります。先の例えで言えば、途中で路線の切り替えがあって、別な線路に移って、そして違うＣ駅に着くようなものです。

通常ですと、そのままの路線を走ればＢ駅に到着するはずなのですが、路線のレールを切り替えるとＣ駅の方に電車が到着することがあります。このように先の未来が変わってくることがあるのです。

ただ、それは未来が変わってしまったのではなく、別な未来の世界に私たちが移行したのかも知れません。

パラレルワールドという言葉を聞いたことがあるでしょうか？　パラレルワールドというのはある時空から分岐していって、並行して存在している別な世界のことです。並行宇宙とも言われます。

私たちの世界というのは、一つの世界ではなく、実はいくつもの分岐によって分かれた世界の一つなのです。本当はいくつもの並行宇宙が存在していて、その中の一つに住んでいるにすぎません。

同時に存在している並行宇宙には、もう一人の（あるいは複数の）私たちが住んでいます。そこには私たちの世界とは違った歴史の世界が展開しているのです。

たとえば第二次世界大戦で、日本は連合国に敗れて敗戦しましたが、パラレルワールドのなかには、日本が勝利していた世界が存在するかもしれません。歴史が変わっていて、日本が勝って戦勝国になっている世界です。その世界ではアメリカは敗れているので、今のような世界の警察の役割ではないと思います。おそらく日本を中心とした世界が展開しているでしょう。

そのように、歴史のある地点で、別な出来事が起こった世界が、私たちの住む世界と並行して存在している。それがパラレルワールドです。

先の例えで言えば、私たちは電車に乗ってＢ駅に着くのですが、そうではなくＣ駅に着く未来というのがあって、実はそれは別な並行宇宙であるパラレルワールドの可能性があります。

日常の感覚からすれば信じられないような世界観ですが、実はそれが真実の世界なのです。

これからお話しする未来についても、必ずしもそうなると確定しているのではなく、このまま進めばこうした未来が待っているという未来像です。ひょっとしたらこれを読んだ皆様の選択によって、未来は切り替わるかもしれません。

危機の予言については、そう願いたいものです。本書が世に出ることによって、人々の意識が変わり、危機を回避していこうとする行動に繋がっていくなら、良い方向に変わっていく可能性もあります。

そのように他人事ではなく、未来は私たちにかかっていると思って、これから先をお読みいただければ幸いです。

❸ 令和恐慌の訪れとバブル崩壊

２０２３年になり、特に現実化してくることとしては、令和恐慌とも呼ばれる、世界的な経済危機の訪れです。

前章でも述べたように、インフレが訪れるという予言は、すでに現実と化しています。日本ではインフレはまだそれほど進んでいませんが、やがて遅れて進んでくるでしょう。

そしてインフレの後には、経済混乱がやってきます。23年は特にそれがはっきりと現れる年となるでしょう。恐慌がやってきます。

かつて1930年代にアメリカに端を発した深刻な経済恐慌は、世界中を巻き込んで混乱の淵に落としました。1929年の10月に米国の株価が暴落し、後に暗黒の木曜日と呼ばれました。1929年から1932年の間に、世界の国内総生産（GDP）は15％減少したと言われています。

当時の恐慌と同じように、もう一度大きな経済危機を、世界が体験することになるでしょう。

令和恐慌が訪れるという予言は、すでにコロナが広まり出したころ、2020年の時に、次に来る危機として私は述べていました。

世界はコロナ禍を乗り越えるために、多くのお金を刷ってバラ撒きました。その結果、予言していましたようにインフレが発生しています。現在のインフレをウクライナ紛争が起こったためのコストプッシュ型インフレと言っていますが、実際にはロシアの侵攻が起こる前からエネルギー資源や食料などは高値を付けていました。

一つの要因だけでインフレが進むわけではありません。実際にはさまざまな要因が絡み合って、インフレを引き起こしています。そのなかには、世界各国のバラマキ政策もあったでしょう。

そしてインフレが進んだために、今度は各国が政策金利を引き上げてきています。日本でも22年末に、日銀の黒田総裁が、長期金利の上値を0・5％まで容認するという、実質的に金利上昇を認める発言をしています。今後もインフレが進めば、さらなる金利上昇に繋がります。

金利が上がっていけば、お金を借りる人は減りますので、景気は悪くなっていきます。そういうことからも、今後景気が悪くなってくるのは想像できるでしょう。

しかし、普通の景気後退ではなく、世界的なバブル崩壊が起こるのではないかと私は感じています。

いま、世界にはいくつかのバブルがあります。

・中国の不動産
・米国の株価
・日本の国債
・仮想通貨

これらのバブルの多くが、これから崩壊していくでしょう。もうじきバブルが弾け飛んでいく予感がしています。

私が見たビジョンは、都会に多くの失業者があふれ、食べ物も満足に食べられず、炊き出しに列をなす多くの人々の群れです。相当深刻な時代に入っていくのではないかと思われます。

日本では昭和から平成に変わった時代、１９９０年に入りバブル崩壊を経験しました。それまで日本経済は絶好調で、好景気に沸いていました。

土地神話があって、地価は上昇を続け、下がることがないという神話から、土地を担保に銀行は融資し、土地ころがしによって儲ける者たちも続出していました。

土地や株価が高騰したことから、日銀と政府、マスコミが一緒になって、バブルつぶしを行いました。日本のバブル崩壊は自然に発生したものではなく、人為的に崩壊させられたのです。それから30年が過ぎ、いまだに日本経済は良くない状況が続いています。

このように日本は30年前にもバブル崩壊を経験しましたが、海外にはもっと巨大なバブルがあり、それが米国や中国に発生している株高や土地高騰です。これらがすでに崩壊の兆しも見えているかと思いますが、本格的に崩れて来て、世界全体を衝撃が駆け巡ります。

それが令和恐慌へと入っていく引き金になるでしょう。

日本の東京と思われる場所がビジョンとして浮かびます。多くのオフィスビルが立ち並ぶ街では、昼だというのにビルの入り口はシャッターが降り、電気もついていません。ビルの下には大勢の失業者の方たちがいます。彼らはリストラにあったり派遣切りで仕事を失った方々のようです。

公園では、彼らのために炊き出しがされていて、大勢の人が並んで順番を待っています。かつてリーマン・ショックがあった時にも、派遣切りなどで仕事を失い、生活に困った人たちのために、年を越せるようにと年越し村ができたことがありました。それを遥かにしのぐ数の、大勢の失業者の群れが見えます。

未来の恐慌では、派遣だけでなく、正社員やパート、アルバイトなど、さまざまな仕事が失われ、職を失った人たちが家賃も払えなくなり、住むところを追い出されて、寄る辺なく大都市の一角に集まっています。

薄汚れたトレンチコートを着て無精ひげを生やした細身の男性が、シャッターの降ろされたオフィスビルの入り口の階段に座っています。しわくちゃになった何日も前のものと思われる新聞紙を開いて読んでいました。そこには「失業率10％超！」という見出しが大きく載っているのが見えました。

これは驚くべき数字です。日本は世界的に見て失業率の低い国です。戦後の日本でもっとも失業率が高くなったと言われるリーマン・ショックの時でも、失業率は５・５％だったと言います。それが10％を超えるとなると、相当な大不況であり、恐慌が起こるということです。

現実とならないことを願いたいですが、不況の波は避けられそうもありません。少しでも軽く令和恐慌が終わることを願うしかありません。

そして失業者の増加と共に、日本でも治安が悪化していきます。世界一治安の良かった日本も、犯罪の件数が増えていきます。

これは日本だけでなく、世界的にも恐慌の波は押し寄せます。米国や欧州もそうですし、中国などにも大きな衝撃が走ります。

❹ 預金封鎖と経済の再生

今後、世界的な恐慌が訪れるという話をしました。さまざまなバブルがつぶれていくでしょう。そして今の経済システムは、このままでは維持できなくなります。新たなシステムが模索されるようになります。

その前に、日本では2024年に新紙幣が発行されることが決まっています。新しく刷新された紙幣が発行される予定です。新紙幣に変わると言っても、通常は旧紙幣が使えなくなることはありません。ですが、この時に金融資産に税を課して、強制的に旧紙幣から換えさせ、その一部が税として徴収される恐れもあります。

みなさんは預金封鎖という言葉を聞いたことがあるでしょうか？　預金封鎖とは、銀行から預金の引き出しを制限する措置のことです。つまり銀行に預けているお金が一時的に下ろせなくなるのです。

かつて日本でも預金封鎖が起こったことがあります。

1946年（昭和21年）2月16日、時の内閣は突然、新円切り替えを発表しました。新円切り替えから預金封鎖、そして財産税の課税が強制的に行われたのです。

当時の財産税の最高税率はなんと90％もあったと言います。多くの国民がこの政策で個人財産を失ってしまいました。

ある日突然、銀行からお金を引き出せなくなり、その預金の多くを国が税として没収する事態になったのです。まるでよその国で起こったような信じられない出来事ですが、七十数年前に実際に日本で起こった出来事でした。

その原因は、戦争のために日本が大量の国債を発行したことでした。膨大な戦費を賄うため、税金ではとても足りずに、日本政府は大量の国債を発行したのです。終戦時の日本の債務はGDPの2倍に達していたと言います。

さらに戦後は大陸からの引き揚げ者などにより、急激に人口が増加したのと、作物が凶作で不足したため、日本国内は猛烈なインフレに見舞われたのです。

政府はインフレを抑えるために、預金封鎖を実行することにしました。2月16日に新円への切り替えを発表し、翌17日には預金封鎖が実施されたのです。

2月17日以降、預貯金が封鎖され、10円以上の旧紙幣は無効とされてしまいます。そして手持ちの現金も強制的に預け入れさせ、預金に対して税金を課し、新円に切り替えさせたのです。

なぜそのような昔の話をするかというと、いずれ現代の日本でも同様なことが起こるからです。やがて日本国民の預金に税金が掛けられ、国に取り上げられる日が来ます。

すでに日本では膨大な量の国債を発行しています。ですが今まで終戦後のようにならなかったのは、インフレにならずに、ずっとデフレが続いていたからです。

日本ではいくら国債を発行しても、インフレが進まず、それがかえって問題とされ、政府はデフレ脱却を目指していました。

それがここにきて風向きが変わってきています。すでに予言していた通り、世界的なインフレが進んでおり、やがて日本でも大きなインフレに見舞われるでしょう。その時に、はたして膨大に抱えている国債が、何の問題も引き起こさないと言えるでしょうか？

私には、今後日本でもインフレが高進していって、手が付けられなくなってしまう未来が感じられます。国債を発行して国民にばら撒けばいいのだという風潮は、インフレの進行によって影を潜めていきます。

今までの日本はデフレだから、たくさん国債を発行してもいいのだという説もありましたが、その風向きが変わってきます。日本でもインフレが進んでいき、もう手が付けられなくなります。

その時には、政府はまた預金封鎖を行うように思われるのです。

時期ははっきりとは分かりませんが、先述の新札切り替えの時が一つの可能性としてあります。そしてもうひとつは、円のデジタル通貨を作り、現物の紙幣を廃止する時です。後者の可能性が高いでしょう。

紙の紙幣の発行は次回の新札で終わりとなると思います。次からはデジタル通貨となっていきます。その時に政府がマイナンバーと紐づけ、国民の預金を一元管理し、すべて把握して、そこから金融資産に税を課すようになるでしょう。

紙の紙幣ですと、タンス預金などで政府が把握しきれないお金が市場に潜みますが、円が電子化されることで、紙のお金は廃止されます。その時には銀行などに必ず預けなければならなくなるため、その大本で政府が支配していれば、国民の資産をすべて把握することができます。

政府は消費税を導入しましたが、国民がお金を使わなければ、税を搾り取ることができません。いくら消費税の税率を増やしても、人々がその分、消費を控えるようになれば、税収は増えないのです。

そのため政府は次に、大量に溜め込まれている個人や企業の預金に眼をつけています。これを何とか税金で取れないかと画策しているのです。そうなれば高齢者などが持っていて使わない高額の預金も税金として取ることができます。

これを実行するのは、新札が出される時か、おそらくその先のデジタル通貨に切り替わった時です。いずれにせよ、将来は国民の預金に税が課されて、政府に召し上げられる時が来るでしょう。

デジタル通貨の場合には、電子的に預金を簡単に管理できるため、先の大戦後のように一気に9割もの税収をかけるということはないでしょう。その代わり、毎年一定の額を税として徴収することも可能になります。

たとえば導入時には金融資産への課税を3％ほどにして、毎年3％が税として取られる仕組みを作れます。紙のお金だとそうはできませんが、電子化すれば、このように毎年に分けて徴収することも可能になってくるでしょう。

そのように個人や企業の金融資産についても、いずれは課税される時代が来ます。

さらに恐慌が起こってから、既存の通貨の在り方が問われるようになるはずです。問題を抱えた経済システムにメスが入らざるを得なくなります。

今、各国の通貨は何の保証もなく発行されています。一部の国では、基軸通貨の米ドルに連動する形で通貨の発行を行っています。

その米ドル自体も、もとは金本位制を取っていました。金1オンスを35USドルに兌換《だかん》する取り決めがあったのです。これをブレトン・ウッズ協定と言います。

それが1971年8月15日に突如、米ドル紙幣と金との兌換停止の宣言が発表されました。これによってブレトン・ウッズ体制は終わりを告げます。

この出来事は、ニクソン・ショックあるいはドル・ショックと呼ばれます。

それ以降、米ドルは金の裏付けなく、発行されていきます。

しかし、次の恐慌ではやがてそれが改められるでしょう。何の裏付けもなく無制限に発行されてきた紙幣が終わりを告げます。次には、何かに連動する形で通貨の発行がなされるようになると思います。

かつてのように金ひとつへの連動ではなく、いくつかの指標が組み込まれていくのではないかと感じられます。

そのように経済システムにも変革がもたらされていくと感じます。その間、私たちも色んな波に揺られますが、知恵のある者はこうした時代の波も乗り越えていきます。皆さんも知恵ある者として時代の波を乗り越えていってください。そのために本書が役立てば幸いです。

❺ 食糧危機

食糧問題についても、やがて世界は深刻な危機を迎えると感じられます。

すでに述べたように、肥料価格も高騰しており、さらに資材費や、畜産に必要な飼料も高騰しています。ウクライナ紛争はいまだ終わりを見せず、肥料の原料やエネルギー資源、穀物など資源の高騰の一因となっています。

２０２２年は欧米中で深刻な干ばつが発生しました。異常気象は各地で起こっています。こうした事態がこれからさらに激しくなっていったとき、はたして人類は乗り越えられるでしょうか？

以前、このような夢を見ました。

私と何人かの見知らぬ人たちが、ホテルの広間のような大きな部屋の中にいます。その部屋の縁沿いには、一段上がったところがあって、私と知り合いはその段の上にいます。ほかの人は、下の段にいるのですが、床にはどうも熊のような怖い生き物が三頭ほど潜んでいるようです。そして床の下から牙や爪を出して、下の段にいる人たちを穴倉に引き込んでしまうという怖いものでした。

私と知り合いは、一つ上の段に上がっていたので助かります。そしてしばらくしてその部屋から出ると、隣にコンビニかスーパーのようなお店があってその中に入ります。するとそこで知り合いに会い「言ったとおりになりましたね」といわれました。

こうした怖い不思議な夢でした。

起きてから解釈すると、この夢は食糧危機を暗示しているように思えます。

三頭の熊のような生き物というのは、食糧危機のことで、下の段に居た人というのは備えが不足していた方々という意味かもしれません。

私たちが上の段に居て助かったのは、備えをしていたからということです。

その後に「言ったとおりになった」というのは、危機が現実になったことを意味するのでしょう。

旧約聖書に載っている話で、ヨセフという人物が、ファラオの夢を解釈して、飢饉に備えた話があります。

ファラオの見た夢には、肥えた牛が七頭出て来て、その後に沼から痩せた牛七頭が現れ、先の肥えた牛を飲み込んでしまうというものです。

これをヨセフが解釈して、七頭の肥えた牛というのは、七年間の豊作を示し、その後に出てきた痩せた牛というのは、その後に飢饉がやってくることを示していると伝えます。

それを聞いて、ファラオはヨセフに対策をさせ、豊作の間に食糧を備蓄しておき、後の飢饉に備えることで、危機を脱したという物語です。

七頭の痩せた牛が先のものを飲み込んでしまうというのが、床下に居た熊が、人々を引きずり込んでしまうことに似ている気がします。

これから恐慌が襲ってくるとともに、日本でも信じがたいかも知れませんが、満足に食べることができず、栄養失調で倒れたり、餓死したりしてしまう人も出てくる恐れがあります。

上記のビジョン以外にも、未来の日本において、戦中戦後のような配給制度が復活するビジョンも見えたことがあります。政府が国民にお米や食料品などを配給して回る様子です。

それぞれの家庭に、毎月政府から食料品が配られていくのですが、その量は徐々に減っていき

ます。次第に満足できる量が配られなくなります。やがては飢えも深刻となっていきます。

おそらくその時はマイナンバー等と関連し、国民を政府が監視する力が強まり、食糧不足のなかで、政府の統制がより厳しくなっていく時代に向かうように思われます。

日本は先進国の中でも食料自給率が低く、多くの食料を外国からの輸入に頼っています。カロリーベースの食料自給率は38%と低いですが、これも海外から種子や飼料などを輸入して日本で生産できた分です。もしも海外から種子や飼料、肥料などが入らなくなるような事態になれば、これではすみません。

もし台湾有事が起こったら、海上輸送の物流が止まってしまい、日本で餓死者が六千万人出るという話も昨年には出ていました。実際にはそこまでの事態は起こらなくても、一旦輸入が途絶えると、日本はすぐ危機に直面します。

日本政府は、食料生産は国の安全問題だと自覚して、自給率を上げていかなくてはなりません。そうしないと日本は大変厳しい時期を迎えることとなります。

❻ 新型コロナウイルスとワクチンの今後

新型コロナについては、日本でもだいぶ日常に戻ってきており、もう過去のものとなったような雰囲気もしています。

ですが、コロナ禍というものは、まだ数年は続くように見えます。今のように安心して暮らせる時期もありますが、やがて新たな変異株が猛威を振るう時が来るでしょう。人々が安心した時に、突如として現れてきます。そうしてまた世界は揺り戻されていくのです。

人々は日常が戻りつつあることに希望を見出していますが、まだしばらくは忍耐の時を過ごすことになるでしょう。

世界はワクチンによって新型コロナを抑えられると信じ、動いてきましたが、実際には先の章でも述べたように、ワクチン接種が進めば、それを回避する変異株が広まる結果となってしまいます。

そしてワクチン接種の回数が増えるほど、接種者の体に毒が蓄積され、身体の不調を訴える方が増えていきます。そのため世界でももうじきワクチンはほとんど打たれなくなるでしょう。そして今度は世界でワクチンの健康被害問題がクローズアップされていきます。

かつて日本でも非加熱製剤による薬害問題が発生しました。非加熱の血液製剤が流通し、その中に含まれていたＨＩＶ（エイズ原因ウイルス）によって、多くの血友病患者らがエイズを発症してしまったという薬害です。

この時も大問題となりましたが、今回の新型コロナワクチンについては、さらに世界規模での薬害に発展し、人類史上で最大の薬害事件となります。

これにより各国の政府や製薬会社、専門家らに批判の矛先が向いていくでしょう。


新型コロナの治療薬について、本当は有効な既存薬があると感じます。しかし、製薬会社の思惑など、大人の事情によってそれらは使われないようにされています。

既存薬では儲からないため、新型コロナ用に新薬を開発しています。その方が開発費を得られ、新薬は高額で販売されて、莫大な利益を得られるからです。そのような理由によって、本来はコロナに有効な薬があるにもかかわらず、一般には処方されずにいます。

もしも本当に有効な薬が出回っていたなら、これほど世界はコロナ禍に苦しめられなかったでしょう。ここにも社会の闇が潜んでいると言えます。


そして未来においては、新型コロナのワクチン接種をした方のほうが、かえって重症化しやすく、死亡率の高いウイルスが広まるように感じられます。今はまだ、ワクチン接種をしたほうが重症化は抑えられると言われていますが、今後は違ってくると感じるのです。むしろウイルスが悪いほうに変異し（あるいは意図的に何者かに作られ）、ワクチンを打った方が重症化するようになります。

日本の研究でも、コロナ感染で体内にできる抗体の中には感染増強抗体も作られるという発表があります（大阪大学の荒瀬尚教授ら研究グループの発表）。

感染増強抗体というのは、一度感染するかワクチン接種で、抗体が体内で作られると、かえって感染しやすくなり症状を重くしてしまうというものです。

普通、感染するとこれを防ぐための中和抗体というものが作られ、以降は感染を防いだり重症化しないように働きます。ですが、感染増強抗体が作られてしまうと、逆の働きをしてしまうのです。コロナ患者で重症化する人には、この感染増強抗体の量が多いと言われています。

ワクチン接種によっても感染増強抗体が作られると考えられ、中和抗体を回避する変異ウイルスが広まれば、むしろ重症化してしまう危険性があります。

せっかく信じて副反応も気にしながらワクチンを打ったのに、それでは踏んだり蹴ったりですが、そうした反動が起こるような予感がしています。無神論の砦の先端に位置する現代医療にも闇が深くあって、それをさらけ出す結果ともなります。

7 戦争の危機

ロシア・ウクライナ戦争

今、ロシアとウクライナの間で戦争が起こっています。疫病と共に戦争の時代に突入しました。これから多くの戦争や紛争が起こっていくでしょう。ウクライナ紛争はその先ぶれとなります。まずウクライナ紛争については、まだ続いていきます。一時的に停戦するように見えても、火種はくすぶっており、紛争は長引いていきます。

この戦いにおいて、最終的には核兵器が使われるのではないかと感じられます。

人類が初めて核の被害を受けたのは、第二次世界大戦中の日本の広島と長崎でした。以降、キューバ危機など、核戦争の危機もありましたが、人類は核兵器を使わずに現在まで過ごします。それは核保有国同士での戦争では、一方が核を使うと、同時にもう一方から核の応酬があり、最終的には勝者のいない戦い＝つまり双方が滅びる戦いになるからです。

そして核兵器は放射線による被害が広範囲に残り、人道的にも使用を制限せざるを得ない兵器です。放射性物質は長期間にわたって残り、その地の人々に、敵味方、兵士と民間人を問わず、甚大なダメージを与えます。

そのため長年にわたって各国が核開発競争を繰り広げ、大量の核兵器を保有しながら、戦後七十年以上経って、いまだ戦争で使用されることはありませんでした。

それがウクライナ紛争において、最終的に使用されると感じられるのです。

世界の人はウクライナの地に、大きなきのこ雲がそそり立つのを目にするでしょう。

ウクライナは核兵器を手放したので、応酬はできません。ＥＵや米国を味方につけようとしていますが、結局、彼ら欧米諸国は、自分たちが核の脅威にさらされてまで、ウクライナを助けようとはしないでしょう。ただでさえ、ウクライナを支援したことによって、欧米は苦しめられています。ごうごうたる非難がロシアに浴びせられますが、直接打つ手はありません。

最後はウクライナが大きな代償を支払って、ロシアに従うこととなります。これに伴って世界は混沌状態に陥ります。エネルギーや食糧の高騰が起こり、経済も混乱していきます。

人類は核戦争の時代へと入っていきます。

おそらくこのまま米国がウクライナを支援して、戦争が長期化し続ければ、核戦争に入るでしょう。年内にも核戦争に突入する恐れがあります。

ロシアは戦術核という小型の核を使うと思われます。たとえ小型であっても威力は甚大ですので、相当な被害を出します。

おそらくは首都には使わずに、ウクライナや他国の兵が集まっている軍事拠点をねらって打つでしょう。ウクライナは降伏するしかなくなります。ウクライナの首都キーウに対しては、気化爆弾を使うでしょう。周囲の酸素を失わせて、高温爆発を起こすものです。それで指導者らを亡き者にします。

かつて日本が核兵器を落とされて降伏したように、同じことが起こって、ウクライナはロシアに占領されると思われます。

しかし、核兵器の使用によって、世界は混乱を極めるでしょう。まず世界的な制裁により、ロシアからの資源は一切輸入を禁じられますので、エネルギー危機に拍車をかけます。世界的なエネルギー不足によって、先進国でも電気が付かなくなり、停電が続くでしょう。交通機関も機能しなくなります。

これによって経済はダメージを受けますし、夏場や冬場などのエアコンが効かない時期を乗り越えられずに、亡くなる人も増大します。

さらに制裁と共に放射能汚染の問題もあって、ウクライナ産やロシア産の食料はほとんど輸出されなくなります。

これによって食糧危機が一気に世界を覆うでしょう。おそらくはロシアの核兵器使用によって、連鎖的にこのような危機が起こってくると思われます。

ロシアの核兵器使用の未来は確定したものではなく、変更の余地も多少残されているとは思います。しかし現在のところ、先に述べた方向に未来が進んでいるのを感じます。どうか違う未来を選ぶことを願っています。

北朝鮮のミサイルが日本に……

戦争の危機は、何も遠い国の話ではなく、日本も対岸の火事ではすみません。もうすぐ日本も巻き込まれる戦争が起こってくると感じられます。

ひとつには、北朝鮮問題があります。北朝鮮は長年独裁国家を続けてきました。初代の金日成から息子の金正日に独裁は世襲され、現在はさらに初代の孫である金正恩がトップに立っています。世界でも貧しい国の一つでありながら、核開発を進め、すでに複数の核兵器を保有していると見られています。さらにミサイル開発も進め、米国本土に到達する大陸間弾道ミサイルまで持つにいたりました。

この北朝鮮と韓国との間で、やがて戦争の火が燃えていきます。半島が赤く燃えていくのが見えます。

そして日本も無傷では済まず、北朝鮮からのミサイルで、ある都市が攻撃されるでしょう。日本は迎撃用のＰＡＣ３や、イージスアショアの導入などを言っていますが、迎撃は残念ながらできなかったようです。**日本の都市に大きな被害が発生してしまいます。**

さらに先には、崩壊した北からの大量の難民が日本にやってきます。多くの難民が日本めがけてやってきて、社会問題となるでしょう。

日本の治安は悪化していき、彼らを保護するための社会費用の問題や、文化の違いによる衝突など、いろんな問題が噴出してきます。

中国の日本侵略とその未来

日本にとって危機は北朝鮮だけではありません。中国との間の争いも近づいています。

はじめに中国は台湾を攻めようとするでしょう。しかしいきなり台湾全土に侵略するのではなく、まずは前哨戦が起こります。

場所は詳しく分かりませんが、台湾領となっている無人島の小さな島への侵攻が感じられます。中国軍によって台湾領の島が占領されるでしょう。これによって中国は米軍等の出方を見ているようです。つまり本格的に中国と戦争をする考えがあるのか、これで試そうとします。

米国は表向き台湾支援を表明しますが、本格的に中国と全面戦争になるのを避けます。台湾を支援しつつも、直接戦うのは避けるでしょう。現在のウクライナのように、武器供与などはしますが、直接交戦は台湾任せにしようとします。

次に台湾本土への工作がはじまります。はじめはステルス攻撃を仕掛けているように感じます。中国は台湾に対してコロナウイルスをばら撒き、自然災害だと思わせ、混乱させる作戦を取ります。

そして海上封鎖を行います。台湾に向かう船舶をすべて止め、兵糧攻めにする作戦です。台湾をぐるりと中国船が取り囲み、貿易船が出入りできないようにします。物資が入らなくなった台湾は困窮します。

中国はやがて本格的な台湾侵攻をはじめます。空が黒く染まるくらい無数の何かが大陸から台湾に向かって飛んでいきます。これはミサイルと大量のドローンのようです。無数のドローンを飛ばして、台湾本土に攻撃を仕掛けようとしています。自爆型と思われるドローンが飛んで行き、台湾のインフラや軍事拠点を一気に叩きます。一度期に無数のドローンが飛んでくるため、全部を撃ち落とすことができません。そしてサイバー攻撃も同時に行っており、台湾は機能がマヒ状態になっています。そこを無数のミサイルとドローンが襲うようです。

これらの攻撃によって、相当の打撃を受けた台湾の海岸に、これも無数の船が押し寄せてきます。まるで黒い津波のようにやってきて、最終的には台湾を飲み込んでいくでしょう。

台湾は中国に占領されてしまう未来が感じられます。

そして日本も対岸の火事ではいられません。

中国軍は日本の尖閣諸島にも侵攻していきます。日本はほとんど為《な》す術《すべ》なく奪われるでしょう。ここでも米軍が反撃してこないことを確認します。米国は直接中国と交戦するのを避け、日本に戦わせようとするでしょう。しかし、日本は尖閣諸島には住民がいないという理由で、反撃することはなく、結局は占領されます。

中国軍はこの尖閣諸島にミサイル基地を建設していきます。大急ぎでミサイル基地を建てていきます。そうすることで、距離の近い沖縄本島の米軍基地を威嚇するのが目的です。

実際に米軍は中国からのミサイル攻撃を恐れて、やがて沖縄から撤退していきます。基地をグアムなどに移転していくでしょう。

そして中国は米軍が撤退した沖縄に侵攻します。自衛隊だけでは止められずに占領されます。かつて太平洋戦争中に地上戦の行われた悲劇の島ですが、80年近く経って悲劇は繰り返されます。沖縄本島内には、強制収容所が三か所建てられ、反抗する者、中国政府に批判的な者が入れられます。

そして日本全体についても、中国に従わされるようになり、属国のようになっていきます。中国の顔色をうかがうものが政治家となり、日本自体が中国の一つの自治区のようになっていきます。

日本の政治家には、与党の方と野党の方がいますが、実際にはどちらも裏では中国に従属している者が多数で、やすやすと日本を売り渡すでしょう。

日本の未来には第二の元寇の危機が迫っているのです。

元寇というのは鎌倉時代の日本、1274年と1281年の2回にわたり行われたモンゴル帝国（元朝）による日本侵略です。その時には鎌倉武士の活躍もあり、また神風が吹いて助かりましたが、果たして今回は無事に乗り越えられるでしょうか。

少なくとも神風が吹くためには、地上の人間による必死の努力がなければなりません。容易に侵略を許してしまうような指導者ばかりであれば、日本に再び神風が吹くことはないでしょう。

こう書いていくと、日本の未来には絶望しか待っていないように見えます。しかし、日本にはまだ希望の光もあります。その光がやがては世界を明るく照らしていくでしょう。そのことは後に述べたいと思います。


また中国の未来について、以下のようなビジョンを見ました。

昼間にソファーに寝そべってウトウトしている時でした。不意に白昼夢が頭の中に浮かんできました。


広大な隆起する大地の上を鉄道が走っていて、私はそれに乗っています。

鉄道がトンネルをぬけると、チベット高原のような高地に出て、断崖や峰を縫うように登っていきます。

山道のように見えた線路の敷かれた道は、大地の姿をした巨大な龍の背だとわかりました。

鉄道は大地で造られた、巨大な龍の背を進んでいるようでした。

雲のいただきにある終着駅へ到着すると、四角いテーブルに四人の老人が座っています。

四人のうちの緑色の服を着た者は秩序を説いているようで私にビジョンを見せました。須弥山《しゅみせん》のような尖った円錐状の大きな山があり、それを中心に、四方の地が風水のように配置されています。

次に白い老人がビジョンを見せます。

山と山を跨《また》ぐ巨人が、グツグツ煮立った鍋を両手でつかみ、頭上に持ち上げています。

巨人は今にも鍋を放り出そうとしているようです。

次に青い者がビジョンを見せました。

黒い煤けた王冠が、大きな滝に落とされます。

落ちた滝壺からは金の王冠が輝き、川の中からその王冠を持った若者が現れると、民衆の中へと入っていきました。

最後に赤い存在が何かを叫びながら杯を天にかかげると、雷鳴が轟き、空から青白い雷が幾筋も落ちて、乾いた大地を撃ちます。

すると地面がひび割れて、いくつかに分断されたのが見えました。

ここでビジョンは終わります。

これはおそらく、中国の今後を暗示しているのではないかと思いました。

緑の存在が示したのは、中国が周辺諸国をも従わせようとする、現在の共産党体制を表しています。

白い存在は、順調に経済発展をしているように見える中国の内情は、今にも覆されようとしているさま（つまりバブル崩壊）。

青い存在は、現在の政治体制が終わって、民主主義的な新しい体制が誕生するさま。

最後の赤い存在は、新しい国の体制になって、今の中国領が、いくつかの国に分かれる、あるいは連邦制のようになるさまを表しているのではないかと思います。

このビジョンはもうじき現実のものとなっていくでしょう。

すなわち、中国はこれからも数々の混乱をもたらしますが、最終的には内部崩壊していき、分裂国家となり、新しい政治体制に生まれ変わるでしょう。

インド・パキスタン　核保有国同士の戦争

未来の戦争の危機として、インドとパキスタンの両国の争いも起こってしまうのではないかと感じられます。その背後には中国も関わっています。

両国の間ではじめ、小さな領土問題での紛争が起こりますが、やがて大きな争いに発展し、ついには全面戦争に入っていきます。

恐るべきは、両国ともに核保有国だということです。

この戦争において、両者から核兵器が使われる恐れがあります。

どちらの領土にも炎の柱が立っているのが見えます。

パキスタンの背後には中国の思惑も絡んでいて、インドを抑え込むために、両国を戦争に焚きつけているように見えます。

両国の争いは核の応酬という悲惨な結果となっていくでしょう。

人類最終戦争　イスラエル対イラン

さらに大きな争いが起こります。イスラエルとイランが戦争に突入するのが見えます。両者は互いに憎しみあい、戦争に突入していきます。

先に前哨戦が行われます。それは間近に迫っていると感じます。しかしそれはすぐに収まるように見えます。しかし戦争の火種は両国間で燻《くすぶ》り続け、やがては大きな戦争へと発展していきます。

やがてこの戦争は両国の間だけのものではなく、多くの国を巻き込んだ戦争に発展していくでしょう。

おもにイスラエルとアメリカ、ヨーロッパ諸国、それに対するイランと中国、ロシアなどによる大戦に発展します。第三次世界大戦ともいえる戦争になります。

これが人類の最終戦争＝ハルマゲドンとなるでしょう。

ハルマゲドンというのは、後の黙示録の章でも取り上げますが、聖書にも予言されている人類の光と闇との最終戦争です。

この戦争では多くの人の命が失われます。核兵器が使用されるでしょう。それだけ大きな犠牲を出す戦争となります。

ただこれは最終戦争という名前の通り、その後には世界大戦は起こらない時代が来ると思います。人類が経験する最後で最大の戦争が、この地で行われようとしています。

❽ 日本に起こる大災害

戦争や経済問題など、人間の営みに関する未来の危機について述べてきました。さらに日本に地震や津波など、天変地異による災害も、今後大きなものが日本に襲ってきます。

日本では、1995年に阪神淡路大震災が起こり、2011年には東日本大震災によって多くの尊い命が失われました。

そしてこれからいくつもの震災が日本に起こる予感がしています。私が感じられることを、お伝えしておきたいと思います。それはいたずらに恐怖を煽《あお》るためではなく、これを参考に、皆さんの震災についての意識が高まり、少しでも被害が軽減されることを願ってのことです。
ですので、これから取り上げる地域に関する方はもちろん、そのほかの地域にお住まいの方も、日ごろから防災に備えていただくきっかけになれば幸いです。
それでは感じたことをお伝えいたします。日本列島を俯瞰して、北から順番に、心配なところを書いていきます。

まず感じられるのは北海道の東の海です。内陸部ではなくて、太平洋側の海底を震源とする地震があるように感じられます。こちらは揺れでの被害よりも、津波の恐れがあるのではないかと感じます。北海道の東部や、本州の東北太平洋側にも被害が及ぶ可能性があると思います。

2011年の東日本大震災では、東北の太平洋側を震源とする巨大地震が発生しました。この付近には、まだ大きな地震が控えているように感じます。大きな被害が起こった場所ですが、まだ危険は去っていないようです。

東北の太平洋側でもまだ大きな地震が控えているでしょう。

そして関東でも大きな震災が起こります。震源地は神奈川県の少し海に入ったところかと感じられます。大きな揺れが起こり、神奈川でも被害は甚大となりますが、東京都の方が被害の規模は多くなる恐れがあります。

神奈川沖を震源とする地震が起こり、東京でも大きな被害が出てしまいます。第二の関東大震災と呼ばれる可能性のある地震です。

次に、大きな湖を震源とする地震が起こると感じられます。そこは琵琶湖だと思われます。琵琶湖で地震が発生し、大きな被害を出します。

琵琶湖のある滋賀県にも被害は発生しますが、どうも京都にも大きな被害を出すように感じます。いにしえの都が揺れ、多くの人の命と、歴史ある建造物も失われていくでしょう。

そして次には、紀伊半島で被害が出る地震が起こる予感がしています。こちらもどうも沖合が震源のようです。ひょっとしたら警戒されている南海地震と呼ばれるものかもしれません。南海地震も発生すると大きな被害が想定されていますが、この地震がそれにあたる恐れがあります。

私にはおもに和歌山県が大きな被害の中心地になるように感じられます。南海地震で被害が予想されている地域にお住まいの方は、くれぐれも震災に対する備えは怠らずに願います。

また日向灘での大きな地震の予感もします。おもに九州の東部、宮崎県や大分県、鹿児島県などが被害を受けるように感じます。これは先に述べました紀伊半島沖の地震と連動して起こるような感じがしています。一つが起こったら、数日後に日向灘でも地震が発生するかもしれません。

さらに南の方では、九州より南の海上での地震の発生が感じられます。この時には津波が沖縄諸島や奄美などの鹿児島の諸島に被害を起こす恐れがあります。津波が海岸沿いに迫り、海抜の低い地域にある家屋を押し流していきます。

このように日本ではこれからいくつもの大きな地震が起こってくるのではないかと感じられます。おそらくはここ30年以内、２０５０年までに、これらの地震が発生してくるのではないかと思われます。

また震災以外にも、火山による被害も起こります。岐阜から長野県にかけての山で噴火が感じられます。そのほかにも、九州の南部での噴火も感じます。

そして富士山が噴火する恐れもあります。富士山が噴火すれば、人的被害は少ないかも知れませんが、経済的被害は膨大になります。おそらく関東全域に火山灰が降り、首都機能はマヒするでしょう。電車も止まり、各地で停電が発生するでしょう。電気と足を失った人々は混乱し、途方に暮れます。企業も長期にわたって仕事ができなくなり、大きな損失を生みだします。

また現在はコロナ禍で悩まされていますが、これから人間だけでなく、動物にも感染が広まる被害が発生しそうです。**家畜に対して毒性の強いウイルスの感染が広まります。**そのため、たくさんの家畜が屠殺されるでしょう。これによって食料高騰に拍車がかかります。多くの畜産農家は飼料高騰も相まって、廃業するところが増加するでしょう。

さらに長期的に数百年のスパンで日本を見ていくと、一部の地域は海に没していき、またある地域は陸地が上がっていくのを感じます。日本列島の地図の姿が変わっていくのです。

東北の太平洋側のある地域は、沈下していくのではないかと思います。やがては海に没していくでしょう。

そして小笠原諸島がある周辺の海域は、次第に隆起していくと思います。現在も西之島（小笠原諸島）では噴火により島が拡大し、さらに福徳岡ノ場（小笠原諸島）では新たな島が誕生し話題になりました。これは前兆であって、やがてこの海域は隆起していって、陸地が広がっていくものと思います。

このように、今後日本列島は、沈んでいく地域と、上昇する地域があって、現在の地図とは違った姿になっていくでしょう。

❾ 世界規模の大災害

前節では日本に起きるであろう大規模な災害についてお話ししました。さらに拡大して世界的な災害について感じたことをお伝えしていきたいと思います。

地球寒冷化と温暖化の嘘

近年、地球温暖化が叫ばれ、二酸化炭素の排出がやり玉に挙がっています。しかし、温暖化は二酸化炭素が原因ではなく、地球は周期的に暖かくなったり寒くなったりを繰り返しているのです。現在の地球は二酸化炭素の排出には関係なく、温暖化しています。

たとえ二酸化炭素を減らしたとしても、地球の気候には変化はないでしょう。

そして人間にとって、温暖化する方がむしろ生きやすいのです。温暖な気候になると、植物も育ちやすくなり、動物も数を増やし、人間の食べる作物も豊作となっていきます。もちろん人間にとっても食料が増えますので、生きやすい環境になります。

世間で温暖化と叫ばれているのは嘘や間違いであると言えます。

やがて地球は寒冷化に向かいます。今は温暖化傾向にあるのは事実ですが、やがて地球は寒冷化していき寒くなるのです。現在の地球は間氷期といって、氷期と氷期の間にあたります。寒い時期から氷が溶けていって、気候が少し暖かくなった時期にあるのです。

約１万年前は氷期といって、とても寒かったのですが、それから徐々に暖かくなってきて氷河が溶けていき、生き物の住める場所が増えてきていたのです。そのように人類による二酸化炭素の排出に関係なく、地球は暖かくなったり、寒くなったりを周期的に繰り返しています。

今後問題となってくるのは、むしろ寒冷化です。**もうじき地球は寒冷化に向かうでしょう。そうすると氷で覆われた土地が増えるため、作物の収穫も減り、今の人口を維持できなくなります。**まだしばらくは温暖化が続いていくと思いますが、やがて地球の温度は徐々に下がっていき、人々は戸惑うようになるでしょう。北の大地はやがて人の住めない土地になります。多くの人が南の地へと移住していきます。そして温暖化対策をしていたことなど忘れ去られていきます。

復活のムーとアトランティス

前節では日本列島も沈んでいくという話をしました。これは日本だけでなく世界的にも変動が起こってきます。今ある地域が海没し、やがて隆起してくる大陸もあります。これからの数世紀で世界地図が大きく変わっていくのです。その予兆はここ十数年のうちに現れてきます。

今後隆起してくる大陸もあります。かつてあったが今は失われた大陸です。それはつまり伝説のムー大陸であり、アトランティス大陸の復活です。

みなさんも一度は耳にしたことがあるでしょう。かつて太平洋上に伝説のムー大陸があったこと。そして大西洋にはアトランティス大陸があったという話。これらはただの伝説などではなく、本当にかつてあった大陸です。それがある日、一夜にして海に没する大事件が発生しました。

アトランティス末期においては、光の勢力側が迫害され、ほとんど滅ぼされるような事態となり、闇側が地上で勝利したような様相でした。闇側は政治の中枢を乗っ取り、正しき者たちを捕まえては迫害し、殺害していったのです。

神を信じる者たちは捕まり、生き埋めにされてしまいました。一部の者たちは、アトランティスから逃れ、今のエジプトの地に移っていったのです。

その時に私も仲間たちを連れて、エジプトに逃れていったようです。そのためエジプトと縁もあり、その後何度かエジプトで生まれ変わっています。

おそらくこの書を読まれている人の中には、当時、共に逃れていて、今世、縁あって本書を手に取られている方もいらっしゃるでしょう。

上記のアトランティスの物語を聞いて、とても惹かれ、胸騒ぎのする人は、当時に生きていたことのある方かもしれません。

そうした伝説の大陸が、そのままの形ではないですが、かつてあった場所付近の浮上により、新たな大陸を形成していきます。そして反対に海没する地域も出てくるのです。

地球というのは言ってみれば空気の抜けたボールのような物です。内側の空気が少なくなるとボールの表面には窪《くぼ》みができます。その窪みが地球で言えば海底に当たる部分です。地球も陸上となっている部分もあれば、窪んで海の底に沈んでいる地域もあります。このように凸凹とした構造になっています。

その空気の抜けたボールを指で押してみると、窪んでいたところが元に戻り、代わって別なところが窪んでしまうはずです。このように、ある場所が隆起してくると、相対して別な部分が凹むようになります。

地球も表面は冷え固まっていて、内部はマントルの流動体になっています。火山活動などで内部のマグマが地表に噴出し、次第に空気の抜けたボールのようになっていきました。そのため一部は海底に沈んで、ほかの地域は地上に出るようになったのです。

現在は海底に沈んでいる大陸が、これから浮上してくるとなると、それに反比例して、別な陸地が沈んでいくことになります。そうした地殻変動が、これから激しくなっていくでしょう。日本の一部もやがて沈んでいきますし、今は海底に沈んでいる場所も、やがては浮上してくるようになります。

日本以外でも、中国やロシア、アメリカ大陸などは、沿岸部でかなりの沈降があるもようです。欧州や中東の地域も海に沈んでいく箇所が出てきます。

このように地球そのものも、まるで生き物が寝返りを打つように、変化をしていくのです。そうして地球文明はまた別な新文明を構築する時代がやってきます。

そしてここ10年のうちに、ムー大陸の一部は浮上してくると思われます。その時には南太平洋上で大きな揺れが起こり、津波を引き起こすと感じられます。

南太平洋で起こった津波は、日本にも被害をもたらします。相当大きな津波となって、日本にも到達するでしょう。まだ全部の浮上ではありませんが、前兆として起こる現象です。それでも甚大な被害をもたらしていきます。

このように大陸の沈下や隆起があり、さまざまな災害も発生してくるでしょう。

隕石の衝突

かつて地球に巨大隕石が衝突し、当時繁栄を誇っていた恐竜たちの絶滅の引き金を引いたと言われています。今から約６５００万年前の出来事です。

それほどの巨大な隕石落下は滅多に起こらないにしても、歴史的に何度もの大きな隕石衝突を人類は経験しています。

たとえば、１９０８年6月30日、ロシア領のシベリア地区にあるポドカメンナヤ・ツングースカ川上流の上空で、隕石によると思われる大爆発が起こりました。ツングースカ大爆発と呼ばれています。

この時の爆発の威力は広島型原爆の１８５倍に達すると言われています。この時、空中爆破した隕石は直径50ｍ～60ｍとされており、爆風によって東京都とほぼ同じ面積の樹木がなぎ倒されるという凄まじいものでした。

ツングースカ大爆発は過疎地のシベリア地区で発生したため、幸い大きな被害とはなりませんでしたが、もしもこれが大都市で起こっていたとしたら、大変な惨劇となっていたでしょう。

そのように隕石の墜落による災害は過去にもあり、また未来にも危機があります。一応、地球に衝突すると予想される大きな隕石は、ＮＡＳＡなどが監視しているとされています。

ですがそれも万全ではないでしょう。観測できない小型の隕石や、想定外の軌道を通って衝突する隕石の危機というのはあると思います。

今後、隕石の衝突が起こると感じるのです。それはおそらく、21世紀の半ばまでにやってくるかもしれません。その年は人類にとって試練の年になると感じられるのです。

ポールシフト

さらに厳しい試練が人類を待ち受けています。ポールシフトという危機が迫っているのです。地球には地軸というものがあって、その軸を中心に自転をしています。地球は北極点と南極点に軸があってコマのように回転し、24時間で1回転しています。この軸が移動することをポールシフトと呼びます。

ポールシフトが起こると、温暖だった地域が極地になって凍結したかと思えば、逆に今の北極や南極などが温暖な地域になって氷が溶け出します。世界各地の気温や気候が大変動するのです。日本でも気候の変動が起こり、今まで収穫できていた作物がとれなくなったり、逆に栽培できなかった物ができるようになったりします。海では回遊魚が今までと違ったルートで泳ぎ、獲れる場所や魚も変わってくるでしょう。

南極大陸では氷が溶け、その下から三角形の建造物が見つかります。かつてこの地にも文明が栄え、ピラミッド建設がなされていたと知られるでしょう。

かつて南極大陸に栄えた文明も、古代のポールシフトによって、今の極地に移動したため、万年の雪と氷に覆われることとなったのです。その時の遺跡が、いまだに氷の下に残され、日の目を見ずに眠っています。それらが次のポールシフトによって、露わとなってくるでしょう。

こうしたポールシフトも起こってくると思われます。

その時には、空の星がまるで落ちてくるかのように、弧を描いて移動します。大地は大きく揺れ、立っていられなくなります。そうして人々は奇妙な物音を聞きます。地球が鳴いているかのような音が、世界各地に鳴り響きます。やがて津波も各地を襲います。

今回の文明は、水による災害を多く経験するでしょう。かつてのノアの箱舟のときの大洪水のように、多くの人命が失われ、残された人たちは、新たな文明を築いていかなくてはならなくなります。

その時に、日本が大きな役割を果たすでしょう。未来の地球にとって、日本が希望の地となります。

地磁気の喪失

上記のポールシフトと前後して、地球の地磁気が喪失する事件も発生するでしょう。

地磁気というのは地球が持っている磁気のことです。方位磁石を持っていると、赤い印が北極を指すはずです。これは地磁気が地球を覆っているためで、もしも地磁気が失われることになれば、大変な災害となります。

地磁気が地球を覆っていることで、宇宙から降り注ぐ有害な放射線を防いでくれています。地磁気は私たち地球に住む生き物を、有害な宇宙線から守る保護シールドの役割を担っています。

その地磁気が失われると、宇宙からの強力な紫外線や有害な宇宙線が大量に地表に降りそそぐようになり、地上の生物に大きな影響を与える恐れがあります。皮膚がんが発生したり、遺伝子に変異が起こり、突然変異が増加するなどが考えられます。

たとえば潜水艦の内部は磁気が弱い磁気遮断状態となっており、長期間潜水艦に乗り組む船員には、代謝能力の低下や白血球の減少など、さまざまな生体機能の乱れが生じるという報告もあります。磁気が失われると、私たちの人体に直接的な悪影響も出てくるようなのです。

科学者の中には、地磁気が失われると、太陽風が地球の大気を吹き飛ばし、私たちが生きるのに欠かせない空気が失われてしまうと言う者もいます。ただしそれは、起こらないでしょう。

さらに現代においては、地磁気の喪失が起こると、地球に降り注ぐ宇宙線によって送電線や通信、衛星ネットワークが破壊されてしまうと考えられます。

１９８９年3月13日、カナダで広範囲に停電が発生した事件が起こりました。この原因は太陽フレアによるものと分かりました。太陽表面で巨大なフレア爆発が起こったため、普段は地磁気でシールドされて地表まで届かない太陽風が、磁気シールドを超えて地表まで届いてしまったのです。

もし地磁気が失われると、今まで地磁気でシールドされて届かなかった太陽風が、直接届くようになります。すると送電網やインターネット・スマホなどの通信網、衛星システムなどが破壊される恐れがあります。

そうなると現代文明は一気に原始帰りするでしょう。電気も使えず、通信も使えない時代に逆戻りするのです。

もしこれが地球全体で起これば、文明は失われて、また我々は原始に返ってやり直しをすることになります。ですが全地球レベルでの発生は起こらないと感じられます。

おそらくは一部の地域で、そうした事態が発生し、たいへんな混乱をもたらすでしょう。


地球は過去に南北の磁気が入れ替わる「地磁気逆転」が起こったと言われています。また地磁気逆転まで至らずとも、一時的な磁気の喪失や強弱が発生していたことが分かっています。これを地磁気エクスカーションと呼んでいます。

近年起こった大規模な地磁気エクスカーションは約４万２２００年前に起こった「ラシャンプ地磁気エクスカーション」と呼ばれるものでした。その時の地磁気の強度は現在の０〜６％に弱まったことも分かっています。

当時の大気中放射性炭素レベルを調べた結果、「ラシャンプ地磁気エクスカーション」時には大量の宇宙線が地上に降り注いだことが分かりました。

この時期は、大型動物相（メガファウナ）が同時に大絶滅を起こした時期と一致。さらにネアンデルタール人が絶滅する一方、世界各地の洞窟で壁画などが突然現れ出した時期とされます。

これらのことから、地磁気の喪失は、地上に住む生き物に多大な影響を与え、大絶滅の要因になると考えられます。

そして壁画などが急に現れていることから、人類の意識にも変化をもたらす可能性があります。

私たち人間の意識にも何らかの変化をもたらす作用もあるように感じています。

地磁気の変化は、地上に住む生き物の意識にも影響をもたらします。

地球そのものの波動が変化していくため、波動の低い者が住めなくなっていきます。

かつて存在していたネアンデルタール人についても、彼らは服を着て、道具を使う、私たち人類の仲間でした。しかし、彼らは獣性が強く、精神性で現生人類より劣った面がありました。

そのため約4万年前に起こったアースチェンジの時には生き残れず、滅びてしまったのです。

これから地球は新しいアースチェンジの時期を迎えます。そして獣性の強い、まだ精神性の発達の遅れた者たちは、新しい地球に住めなくなってしまいます。

アースチェンジについては次章で詳しく述べますので、そちらを参照ください。

⑩ 人類滅亡後の新人類創造

夢の中で、わたしと妻が二人並んで立っていました。なぜか二人とも幼稚園児くらいの子供の姿になっており、真っ白い無地の寝間着のような大きな服を着ています。二人で手をつなぎながら、大きくえぐられた大地の縁に立っています。

眼下を覗くと、人工的に掘られた巨大な窪みがあり、そこに巨大なタケノコやキノコが生えたような、不思議な形をした建物が並んでいます。

そこは人類以外の力によって作られた都市が造成されつつあるように感じました。人間の力ではなく、宇宙人によって作られている都市のように感じたのです。

そしてそこには新たな人類が住む予定になっているとなぜか分かりました。

人類創生に立ち会っているような感じを受けました。

夢の中の二人は、生き延びた人類の子孫であり、新しい時代のアダムとイブを思わせました。

そうして作られた都市に住むのは、今いる人類とは違った、別な形の知的生命体なのです。

この夢の意味は、新しい人類創造が行われる可能性を示唆したものだったと思います。

子供だったというのは、今の時代ではなく、次に生まれ変わってくるような未来の出来事、おそらくは100年ほど先の未来の地球を示しているのでしょう。

宇宙人によって作られた都市というのは、その時は現在の地球人類ではなく、宇宙人によって新しく地球に生まれて来る人類の創造がなされる可能性があるということです。

信じがたい話かもしれませんが、実は過去にも同様な出来事が起こっています。

シュメールの古代粘土板に刻まれた文字を解読したゼカリア・シッチンは、次のような内容を述べています。かつて惑星ニビルから地球に降り立ったアヌンナキという神々、つまり宇宙人たちが、当時地球に住んでいた猿人とアヌンナキたちの遺伝子を組み合わせて、現代人を作ったというのです。

古代シュメールの粘土板には人類の創造方法について詳細に書かれており、まず、男のアヌンナキからテエマとシルという聖なる物質が取り出されます。テエマは記憶を保存するものという意味で、これは「遺伝子」を表すものと考えられます。シルは男からしか採取できないとあるので、「精子」を表すのでしょう。

このテエマとシルを清められた器の中で、猿人の卵子と混ぜ合わせて鋳型に移します。

その中で一定期間発育させたのち、女のアヌンナキの子宮に着床させるという方法で人類を創造したと言われています。

ちなみにシュメールでは人間のことをルルと呼び、その意味は混ぜ合わせた者の意味です。つまり猿人とアヌンナキの遺伝子を混ぜ合わせて作られた者という意味でしょう。

古代シュメールの粘土板に書かれた歴史によれば、現生人類はかつて宇宙から飛来した宇宙人によって、遺伝子操作され生み出されたということになります。

そのように、かつての歴史には宇宙人によって、地球の人類が生み出される出来事が起こりました。

もし今回も、人類が滅亡するようなことがあれば、宇宙人による新たな人類の創造がなされる可能性があります。

これは究極の未来であり、もしも破局が壊滅的なものとなれば、現生人類は生き残れず、宇宙からの力を借りて、再度やり直しをされるというものです。

米軍によって撮影されたとされるＵＦＯ映像が流出し、２０２０年にはそれを公式に米政府が認めるという出来事も起こりました。実際に宇宙人は存在しており、この地球に飛来してきております。

しかし彼らは、宇宙人同士の取り決めによって、地球には直接介入しないようにしています。それは地球文明の行く末は私たち人類の選択に任せるためです。もしも介入する時は、人類同士が戦争によって破滅する事態となった時です。

大国同士の戦争で、核兵器の応酬に発展すれば、地球は生き物の住めない星となる可能性があります。その時には宇宙人たちも介入してくるでしょう。

先に述べたように、破局的な災害によって人類が滅んでしまった時にも、彼らは介入してくるはずです。

また地球で知的生命体が生まれ変わって来られるように、宇宙人の手によって新たな人類創造を行うかも知れません。

ちなみに現代の宇宙人によるアブダクション（誘拐される）の記憶を催眠術等で想起した方の話には、宇宙船内で人類と宇宙人とのハイブリッドを誕生させる実験が行われていると報告があります。アブダクションされた女性の方から卵子が摘出され、宇宙船内で異星人の遺伝子と掛け合わせて、ハイブリッドを作っているというのです。実際に宇宙人と自分とのハイブリッドの子供を船内で見せられたと主張する方もいます。

これは何を意味しているかというと、もうすでに、未来に向けて、新しい地球に住むための新人類の創造が実験的になされているということです。多くのアブダクションの経験者が同様な内容を報告するのは、すでに大規模な実験がなされているのです。

宇宙人たちは、人類がいなくなった後の地球に、新たな新人類を創造する計画をすでに持っています。私たちが絶滅してしまうような事態となれば、そうした出来事も未来に起こってくるのです。

ただ、上記は一つの未来の可能性であって、それが確定しているわけではありません。ほかにもパラレルワールドのように違った未来が存在していると感じます。

もう一つの未来として感じられるのは、２０５０年までの大患難の時代を経て、さまざまな困難に遭遇した人類は、やがて互いに協力し合い、これからの未来のために手をつなぎ合います。

その時に、人類は各国が軍隊を持つのではなく、一つのまとまった組織が軍事力を持ち、地上から戦争を無くすべく協力し合います。

今で言えば国連にも似ていますが、もっと権限を持った組織となります。

そして世界は一つとなり、それまでに起こった数々の災難から復旧していきます。

その後の世界では、国家間の戦争は無くなっていきます。

もう互いに侵略のための兵も、防衛のための兵も持たず、すべての国が、軍への経済負担を大幅に減らし、より人々のためにお金を使うようになるでしょう。

まだまだ災害の傷は深いですが、徐々に世界は元の姿を取り戻し、さらによりよい未来へと生まれ変わっていきます。

新たな世界的な枠組みの創設と共に、文化的な変革も起こっていきます。

その未来の人類を教導していくのが、この日本の役割となっていくでしょう。

日本に誕生した希望の光が、やがて傷ついた世界を癒やし、新しい理想の未来作りのための原動力となります。

そして人類は新たな千年王国を築いていきます。理想的な世界を努力を重ねて作り出していき、それが1000年の理想郷となるのです。日本から出る光に導かれて、人類は進化し、愛にあふれた星になっていきます。

このように地球の二つの未来の姿があります。このどちらの地球に進むのかは、私たちの選択にかかっています。

危機の未来を知ることで、人々の意識が変わっていくなら、未来は変わっていきます。

⓫ 危機の予言の意味

これまでさまざまな人類の危機について述べました。そのことによって不安になったり、絶望感を抱く方もいらっしゃるかも知れません。

どうしてこのような厳しい未来を警告するかというと、ひとつには多くの人が知り、意識が目覚めていくことで、危機を回避する可能性もあるからです。

たとえば車に乗っていて、このまま真っ直ぐに進んでいけば、やがて崖があって落ちてしまうとします。ですが予めそのことが分かっていれば、車を減速して、無事にやり過ごすこともできます。

そのようにあらかじめ知っておくことで、危機の未来を変えられる可能性も今ならまだあるからです。ある程度の、もう避けられない危機もありますが、これから私たちの判断次第では、変えていける未来もあります。

特に政治的な問題、戦争の危機については、私たちの判断によって、回避することは可能です。また天変地異についても、変化が訪れる前に、人々の意識が大きく変わり、負の想念が地上から消えていけば、時期が伸びたり、回避することもあると思います。

そのように本書を理解して、多くの人が変わっていく契機となるなら、未来も変わっていくのです。

さらに危機の予言を出す、もう一つの理由としては、神の意志を忖度し、皆さんにお伝えするためです。かつて旧約聖書にも、数々の預言者が出て、国の危機を警告したことが書かれています。人々が不道徳となり、おかしな信仰に狂っていけば、国に災いがあると告げています。

その言葉を受け入れなかった民には、言われたとおりの厳しい未来が待っていました。

たとえば旧約聖書にエレミアという方が登場します。彼はこのままであれば北から来る災いによって国難が訪れるという預言をします。だから「悔い改めよ」と一生懸命に訴えるのですが、人々は聞き入れず、彼を井戸の穴に吊るすなどの迫害を加えます。

しかし、その時は来て、北からの脅威、つまりバビロンによる侵攻があり、ユダヤ人は捕虜として連れ去られてしまいます。

神様は民を愛するがゆえに預言者を遣わすのですが、人々は自分勝手に考えてその言葉を受け入れず、結果的に苦難に陥ることになってしまいます。

そのように、人々に悔い改める機会を提供し、正しい思いへと還っていかれることを神仏は願われているのです。そのことを示すためにも、たとえ厳しい内容であっても、あえてお伝えしています。


そしてもう一つの理由としては、人間はいずれ必ず死に直面しなくてはなりませんし、その時にしか真剣に人生を考える機会が無いかも知れません。

かならず誰しもが一人で死に直面しなくてはならない時が来ます。この書を読んで不安や心配に思うことも、やがてその時が来たら、自分で対峙しなければならない問題なのです。そこから逃れられる人はいません。

つまり、いずれは皆さんが死を前にして直面する課題を、本書は今この場で提供しているとも言えます。

みなさんがやがて病気などで余命宣告されて死ぬと分かったら、不安になり怯える人も、絶望する人も出てくるでしょう。しかし、その問題から目を伏せ、逃れようとしても、いずれは越えなければならない問題なのです。

やがてはすべての人が、死という最終問題に挑みます。たとえこの本に書かれているような災害や戦争などで命を落とさなくても、多くの人は病気などで命を落とすことになります。ほとんどの方は、ここに記された出来事ではなく、病等でやがて亡くなられていきます。

その人生の最終問題の前に、課題を考えるきっかけにも本書はなるでしょう。

普段はそのようなことは考えないようにし、避けて通ろうと人はします。ですが最終的には避けて通れませんので、覚悟を決めて真実に突き当たっていかなくてはなりません。

そして最終問題の先には、絶望ではなく、希望の光が輝いていることを知っていただきたいと思います。そのためにこそ、この本は書かれているのです。

危機のためのものではなく、希望のための書です。そのことを理解していただきたいと願います。

第3章

アースチェンジの時代

序

世界は生まれ変わる＝アースチェンジの時代

いま世界は異例の出来事を前にして、さまざまな問題が露呈してきています。

新型コロナしかり、ウクライナ紛争しかり、各国とも右往左往していますが、真実が見えずに、ただ事態をかき混ぜて、世の中を混乱させているように見えます。

今起こっていることは、これが終わりではなく、始まりに過ぎず、さらに広がりを見せてくるでしょう。小さな変化に見えていたことが、やがて周囲に広がっていき、大きな変化を世界に与えていきます。

それは疫病だけではなく、人々の意識の変化にも同様な事件が起こります。

一部で起こった小さな変化は、少しずつ周りを感化していき、やがて大きなうねりとなって世界を変えていくでしょう。

世界は今、そうした変化のただなかにあります。

さまざまな事件が起こっていく中、これらをバネに新たな変革をしていかなくてはなりません。

世界は変わる時に来ています。

人々は苦難の時を経て、真実の世界にたどり着きます。

長いトンネルを抜けて、光り輝く世界に到達します。

やがて来るべき子供たちは、雪解けの春の木漏れ日の中で、無邪気に笑うでしょう。子供たちは、「かつてあんな時代があったのだ」と親から聞かされた話に、どこか別な星の物語でも聞いているように感じるでしょう。

親たちの腕の温もりの中で、子供らは安心して眠りにつきます。

来るべき世界は、新しい彼らのものです。

親たちは、子供らの命の重さを両腕に感じながら「どうか降り積もる雪が、すべて溶けて流れていき、この子たちの上に再び降りかかりませんように」と祈りを捧げます。

未来の世界は子供たちのものです。

暗闇を抜け、光の溢れる世界で、子供たちの笑顔で暮らしている姿を、微笑みながら眺めることができますように。

❶ 地球が再スタートする時代のスピリチュアルな意義

いまさまざまな変革が地球に起こりつつあります。

新型コロナのパンデミックにより、私たちの生活にも変化が訪れました。なるべく人と人との接触を避け、自宅に籠もることを強いられました。外出の機会も減らされました。

そのような出来事にもスピリチュアルな意味があります。こうした状況は、私たちが内面を見つめ、人生を考え直す機会ともなっています。

今まで私たちの意識は外向きであり、外界の刺激にばかり気を取られていました。それをもう一度、自分自身と向き合うための時期を与えられていたのです。

今まで通りの、慣れ切った生活をしていると、人は自分の生き方を反省することはほとんどありません。何か躓《つまず》きがあって立ち止まり、振り返るきっかけが出てきてから、反省を始めるものです。

人間は外の出来事ばかりに気をとられていると、自分についての大事な問題を忘れてしまう生き物です。

内にこもる時間は、「自分とは何者なのか？」「なぜ生まれ、死んだらどうなるのか？」といった本質的な問いを生み出す時でもあります。

そうして今回の出来事は世界中の人々が自分の生き方を考え直すきっかけにもなったはずです。たとえば、今までは仕事一本やりで、家族を省みずに働いていた人が、今回のコロナによって再び家族について深く考えるきっかけになったかもしれません。本当に大切なものは何かを考える契機にもなったでしょう。

そのように人々の意識を変えていく側面があります。

そしてさらにアメリカなどを中心として、人種差別に対する反発運動も広まりました。202

０年にブラック・ライブズ・マター（Black Lives Matter・略称「ＢＬＭ」）運動が盛んになり、全米でデモや暴動が起きました。

これは米国のみでなく、世界的にも拡大しました。今年になってからも、黒人のキーナン・アンダーソン氏が警察の暴行によって死亡したことを受け、ＢＬＭ運動は再燃しています。同氏はＢＬＭ運動の共同創設者の一人、パトリス・カラーズさんのいとこでした。

人種差別という問題がクローズアップされていますが、その本質はスピリチュアル的に考えると、自分自身の闇との対峙という意味があります。差別の根本には、実は、自分自身の中に、否定したい闇の部分があるのです。それを外の人間に投影することで、差別が生み出されています。

差別を行っている人の中にそうした問題を抱えているのは当然ですが、実は、差別反対の運動をしている人の中にも、本人自身の中に問題を抱えていて、それを投影している部分もあります。

差別する側も、それを否定し批判する側にも、共に自身の闇を相手に投影している問題を含んでいます。そのため、こうした運動が過激化して、暴徒化することがあります。

真に理性的な行動であれば、そうした暴力の渦には飲み込まれなくて済むでしょう。

世界的に広まっている運動ですが、その背後には、コロナによる失業や社会不安など、人々の恐怖や不安の感情が根底にあります。そうしたネガティブな感情がもとにあって、大きな運動として活発化しています。

スピリチュアル的に言うとするならば、いまは自分の闇と対峙する時期でもあるのです。

人々はどうしてもさまざまなネガティブな感情が湧いてきて、それと対峙せざるを得ない時にいます。自分の闇を見つめるのが嫌な人は、それを他人に投影して、激しく批判し、攻撃するようになります。

今、求められているのは、自分を見つめることであり、自身の闇と対峙することです。時代がそれを人類に求めているのです。

このように地球規模で人類はリスタートの時期を迎えたのです。

これは今までの人類の生き方を改める時期に来ていることを示しています。人が人生を再度スタートさせるように、人類全体が今までの生き方を改めて、再スタートを切る必要があるのではないでしょうか?

人々はこの世の命に目が行っていますが、その先の世界についても知るべきです。たとえ肉体は滅んでも、魂は永遠に続くと知るべき時に来ています。

唯物論に人類が毒された時代は過ぎ去る時に来ているように思います。唯物論とは精神や心、意識というものもすべて物質に因《よ》って生じると考え、眼に見えない霊や神仏などを否定し、物しかないと考えるものです。

彼らは「意識も物質による作用だ」と主張し、それを眼に見えない思考の内で考えているという矛盾には気づかないようです。

世の中には無神論が広まっていますが、その先鋒に立っているのが科学であり、医学です。それもまた一種の信仰なのです。人々は科学や医学を信じることで無神論を信じる者となっていきます。無神論であるとは、神を否定し、神に対抗する悪魔・サタン側を信じる、あるいは加担していることであり、悪魔崇拝と変わりません。

科学によってもたらされた唯物論も、共産主義の無神論も、共に一つの信仰であり、その本質は悪魔信仰である事実を知るべきです。その誤った信仰ゆえに、人類には反動がもたらされます。**私たちは本来、魂の学びのため、向上するために、この地球に生まれて来ることを許されました。しかし、地球に生まれ変わるたびに、魂が堕落してしまうようなら、この地球という魂修行場そのものの意義が無くなってしまいます。**

世の中には無神論という誤った信仰が栄え、人々は物質のみに心を奪われるようになり、真実の世界や光から遠ざかる生き方をするようになっています。いまの地球の価値観そのものが、魂を汚染させ、堕落を招いてしまうものなら、存続は難しくなります。

そのため地球の文明そのものを再起動する必要が出てくるのです。これからの時代は、地球文明そのもののリセット時期に入ったのです。

❷ アースチェンジとは何か？　その意味と魂の堕落

これから多くの変化が地球に訪れていきます。

すでにコロナの流行によって、人々の生活に変化も訪れていますが、これからさらに変化は大きなものとなっていきます。

さらに今後は、世界的な景気後退も起こってきます。私たちはこれから大きなリセッション（景気後退期）を経験していくでしょう。それは恐慌と言われるものになるかも知れません。

恐慌というのは、突然に訪れる、深刻な景気後退です。これから世界的な恐慌も訪れますので、多くの人が仕事を失う時代が来ます。多くの企業が倒産し、金融機関が閉鎖をしていくでしょう。私たちは、これからそうした世界を体験していくこととなります。

今までの金融システムが音を立てて崩れていくのを実感するでしょう。それは古い時代の、古い地球の倒壊でもあります。今までの在り方、生き方を再度問われる時代となります。

みなさんはこれから起こる地球での大イベントを経験することになるのです。多くの人は変わっていくことを恐れて、うろたえるでしょう。必死に過去のものにしがみつこうとする努力がなされます。しかし、それらは空《むな》しいものとなります。大きな潮流には逆らえず、古い世界が流されていきます。

このイベントをアセンションと呼ぶ者もいるでしょう。地球のアセンションが始まったと考える者もいます。

どのようにとらえるかは、各自の判断となりますが、アースチェンジが起こるということであります。

予定されていたいくつかの封印が、今の時代に解かれようとしているのです。

『新約聖書』の最後に掲載されている「ヨハネの黙示録」には、子羊が七つの封印を解いて、地上にさまざまな災いが訪れる終末の世の話が載っています。

それは確かに大災難の時代を告げる不吉な予言でもありますが、同時に救世主の降臨や、千年王国の訪れを予告する希望の予言でもあります。詳しくは黙示録の章に書きますので、そちらをご覧ください。

今の時代は、その予定されていたいくつかの封印が解かれる時代に入っています。

大きな変革を起こすためには、古いものが崩れ去る必要があります。それは苦痛をともなうものですが、生みの苦しみでもあります。地球が魂を堕落させてしまう星とならないよう、魂の学びと向上を目指していける星に生まれ変わるように、大いなる力によって揺り動かされようとしています。

いままで経験したことのない地球のイベントに、これから私たちは遭遇することになります。

私たちは、一つの時代を通り抜けて、新たな時代に到達しなくてはなりません。これから来る子供たちのために、明るい地球へと生まれ変わらなくてはならないのです。

地球は変わっていきます。アースチェンジが起こるのです。宇宙は私たちが変革することを求めています。

これらの変革は偶然に起こるものではなく、宇宙の意志が働いています。

今まで人々の自由意志にまかせて、地球を動かしていたのですが、多くの歪みが生じ、すでに無事には変えられないまでになってしまったのです。今まで歪んだシステムの上に、地球をのせていたがために、不具合を生じてきたのです。

もうこれ以上、今のままであり続けることはできなくなります。今までの意識で生きていては、新たな地球行きの列車に乗り遅れてしまいます。

どうか目覚めていてください。変革の時を乗り越えてください。

❸ 危機の時代とアースチェンジの意味

地球の歴史には何度も危機の時代が訪れています。

分かりやすい例として、過去にもあった患難の時代について少し紹介したいと思います。

そのまま同じことが起こるわけではありませんが、似たようなことが、規模を変えて襲ってくると考えた方がいいでしょう。これからの時代を乗り越えていくために参考になると思います。

話は約100年前まで遡ります。1918年から1920年にかけて世界ではスペイン風邪がパンデミックを起こし欧米諸国で数千万人が命を落としました。このスペイン風邪のウイルスはインフルエンザウイルスだったと言われています。

日本でもスペイン風邪は流行し、2000万人が感染し、40万人が亡くなられました。

現在も新型コロナによるパンデミックが世界を覆っていますが、100年前にも同じような出来事が起こっています。その時はちょうど第一次世界大戦の最中でした。スペイン風邪の被害が、終戦を早める一因になったとも言われています。

当時は戦争と疫病の時代でした。現在もまたウクライナ紛争が起こり、ロシア側と欧米の対立も深まっています。

そして1920年、第一次世界大戦は終わり、スペイン風邪がまだ猛威を振るう中、東京株式市場は大暴落し、さらに全国各地の銀行で取り付け騒ぎになります。いわゆる恐慌が起こりました。

先の恐慌がようやく落ち着きを取り戻してきた頃、1923年9月1日、関東大震災が発生します。死者不明者約14万人、全壊消失家屋約57万戸という未曾有の大災害でした。

戦争に疫病、そして恐慌の後、大震災に見舞われてしまいました。ですがこれで終わりではありません。

1927年3月14日、片岡大蔵大臣が予算委員会の席上で「渡辺銀行が破綻した」という誤った発言をしてしまい、渡辺銀行はもとより、多くの銀行で取り付け騒ぎが起こります。台湾銀行と近江銀行という当時の大銀行が休業となり、政府は緊急勅令としてモラトリアム（支払延期等）を断行しました。この時多くの中小企業や小さな財閥が没落していきました。

そして運命の1929年10月、アメリカ合衆国で端を発した株価大暴落は世界中を巻き込んで世界恐慌に突入します。日本も翌1930年から1931年にかけて日本経済を危機的な状況に陥れた、戦前の日本におけるもっとも深刻な恐慌となりました。

その後日本は大陸に目を向け、満州国建国を支援します。1932年には欧米から非難を受けた日本は、国際連盟から脱退します。1936年には2・26事件が発生。翌1937年7月7日、盧溝橋事件が発生し日中戦争勃発。1940年9月27日日独伊三国軍事同盟条約調印。そして翌年1941年12月8日、日本軍は米国領のハワイ真珠湾攻撃を行い、太平洋戦争が勃発します。

そして1945年8月6日に広島市、3日後の8月9日、長崎市に米軍の原子爆弾が投下されます。人類初の核兵器の実戦使用により、広島で約32万人、長崎で約18万人、計50万人の方が亡くなられています。

日本は同年8月10日にポツダム宣言受諾。8月15日に戦闘停止。9月2日に降伏文書署名に至ります。

敗戦後も悲惨な生活と混乱は続き、１９４６年には凶作やハイパーインフレが起こり、政府は預金封鎖を実行し、国民の資産を取り上げます。

１９４６年5月3日から１９４８年11月12日にかけて、極東国際軍事裁判、通称東京裁判が行われ、先の戦争に関わった者たちが裁かれました。


この流れを見ると１００年前の日本は、疫病、大戦、恐慌、大震災と、多くの患難が襲った時代でした。

おそらくこれからの時代も、同様に多くの患難が訪れるでしょう。１００年前と全く同じではありませんが、似たような事態が規模を大きくして襲ってくると思います。かつて30年間に日本が悲惨な体験をした出来事が、これから同じく２０２０年から２０５０年までの30年間にやって来ます。


これからの未来を考えると、かつて１００年前に起こったことと全く同じではないですが、同様な、あるいはそれ以上の厳しい時代を迎えるのではないかと感じられます。

前回の１００年前にはスペイン風邪によるパンデミックの後に、大震災や津波、凶作による食糧難、恐慌による経済危機、世界戦争と、あらゆる災厄が人類に降りかかったような時代でした。

しかしそれは、時代が持つ間違った観念を取り除くカルマの崩壊でもあったと思います。時代そのものが病んでいて、もうこのままでは放置できなくなり、外科手術が必要となったのです。

人々の考えの間違った想念が毒となり、地球全体を覆うと、それが地球の病となり、さまざまな災害を引き起こします。

そのまま放置すれば、地球は地獄の惑星となってしまうため、緊急手段で時として外科手術が行われます。それがさまざまな災厄として訪れるのです。

１００年前の当時は人種差別も過酷で、欧米諸国が世界各国に植民地を持っている時代でした。その時代、有色人種はまともに人として扱われず、劣った生き物のように白人に見られていました。

第二次世界大戦が終わってからは、植民地の解放は進み、人種差別の闇は薄まり、地球は新たな一歩を踏み出していると思います。

人種差別の誤った病巣が地球に広まってしまい、それを取り除くため、さまざまな出来事が起こったということです。

今起こっている災厄にしても、人類のカルマが招いていることであり、新たなアースチェンジ＝地球変革の時代を迎える時期に来ていると思います。

これは地球に溜まったカルマの引き起こしたものでもあり、地球を大きく変化させていくためのプロセスでもあります。

未来の子供たちに向けて、私たちが残しておくべく地球にしていかなければなりません。

4 アトランティス末期と類似する現代文明 ——地球リセットの意味

かつてジブラルタル海峡のすぐ外側、大西洋に巨大なアトランティス島がありました。そこは資源の宝庫で、帝国は豊かであり、強大な軍事力を持っていました。哲学者のプラトンは『ティマイオス』や『クリティアス』の著書でアトランティスについて言及しています。

しかしアトランティスは、いまから約1万年以上前に、突然の地殻変動により海に没してしまいます。

アトランティスは、科学技術が大変発達した文明でした。科学力で人は空を飛び、海に潜るような技術を備えていたのです。さらに肉体の再生医療や、遺伝子操作で新たな生命まで生み出していました。また、気象を操る技術も持っていました。

現代文明に及ばないところもありますが、超えている部分もありました。そうした優れた文明でしたが、最後はあっけなく滅んでしまいます。

アトランティス末期には、現代と似た状況が出現していました。科学が発達して、人々の暮らしが便利になったのはよいのですが、人として大切なものを見落としていきます。アトランティスでは精神性を忘れていったのです。

アトランティスと同時期に別な地域で栄えた国もあり、それらには精神性も重視する文明もありました。ですが科学技術に秀でたアトランティス文明には及ばす、侵略されて滅ぼされる歴史があったのです。

精神性の高い文明を築いた国では、科学技術の発展が進まず、防衛を軽視する傾向があるため、アトランティス文明に対峙したら到底勝てなかったのです。

そのため多くの国や文明が滅ぼされていくことになりました。


アトランティスは科学に偏重しており、精神的なこと、霊的なことを否定するようになります。

そして霊的なことを語ることすら許されなくなり、信仰を持つ者を次々に捕らえて迫害するようになります。まるで現代の共産主義国のように唯物論国家となったのです。

現代でも中国共産党などは、イスラム教徒のウイグル人を強制収容所に入れ、拷問して棄教させたり、チベット仏教の僧侶たちを迫害したりしています。アトランティス末期においても同様なことが起こったのです。

そして精神性は優れていても、科学技術において劣った文明を次々と侵略し、破壊する行為がなされていました。

現代でも中国共産党のように国として唯物論を持つところもありますし、欧米などでも科学が発達して唯物論が広がっているところが多くあります。そうした負のカルマを文明として背負ったがゆえに、アトランティスは滅びたと言えます。

現代文明もまた、アトランティス末期の状況に酷似してきております。

間違った文明がいつまでも地球で継続していくことはできず、変革を余儀なくされます。過ちを正していかなければ、滅びへの道を歩んでいくこととなるのです。

今こそ地球が大きく変わっていく時期であり、正しい方向に軌道修正をかけなければなりません。

今のように悪が栄え続けていれば、人類文明は再びリセットされることとなるでしょう。


アトランティス末期においては、光の勢力側が迫害され、ほとんど滅ぼされるような事態になり、闇側が地上で勝利したような様相でした。闇側は政治の中枢を乗っ取り、正しき者たちを捕まえては迫害し、殺害していったのです。

神を信じる者たちは捕まり、生き埋めにされてしまいました。

一部の者たちは、アトランティスから逃れ、今のエジプトの地に移っていったのです。

そして今回も、特に中国では闇の勢力が支配的となり、アトランティス末期と同じく、信仰のある者や、神を信じるものを迫害し、残酷に殺害しています。

このままでは、日本もやがて中国に飲み込まれて、中国の一省になる未来があります。その時には、日本でも神仏への信仰は捨てさせられ、目に見えぬ存在を信じる者への迫害が起こるでしょう。

アトランティスの末期と同じような状態に近づいているのです。

アトランティスは大陸そのものが、海に没するという事態になりました。今回もいくつもの災いが降りかかり、世界は激変していくと思います。

もしも人類が再び間違った選択をしていくなら、おそらく地球は破局的な最期を迎えるでしょう。かつてのアダムとイブの物語のように、また一から人類は始めなければならない状況になる恐れがあります。

ここでなんとか闇の勢力を抑えて、正しきものが勝利する世界を築かなくてはなりません。

かつてのアトランティスと同じように文明の持つカルマによって、滅びへと向かい、また新たな文明をやり直すことが、文明のリセットとなります。今回は一大陸だけの滅亡ではなく、地球全体の問題として、リセットが起ころうとしています。

それが地球のリセットであり、新たな地球に生まれ変わるアースチェンジの時代に突入しているのです。

5 アースチェンジ後の世界の在り方

世界は新たな時代を迎えていくという話をしていますが、次の時代のおもに政治問題について話してみたいと思います。

コロナ禍の最中は感染拡大を抑えるという理由で、世界的にロックダウンしたり、行動制限をしたりしていました。ですが、あまりに政府が国民の行動を規制して、国民を監視する社会は自由が失われていきます。

全体での利益を最優先して、個人の自由や価値を認めないような制度を全体主義と言います。コロナを契機に世の中がそうした方向に進んでいる面があります。中国などはすでにそうで、監視カメラが街中にあって、カメラで顔認証をして国民の行動を監視するようになっています。

日本でも「買い物は三日に一度にしろ」とか、「一人で行け」など政治が細かいことまで指示していました。これらは行き過ぎると自由の死に繋がります。

これが進んでいくと国民全体が檻の中で飼われる家畜のようにされていきます。そうした間違った方向に世界が進みそうな傾向があります。

しかし、新しい地球、アースチェンジ後の世界に必要なのは、そうした監視社会などではなく、自由な社会が広まっているべきです。

人間にとって自由は幸福のもとであり、とても大切なものなのです。

平等こそ大事だと主張する人もいますが、たとえば養鶏場のニワトリも全体が平等な社会に生きています。

個々のニワトリにも個性はあるかとは思いますが、それらは認められず、一律に狭いゲージの中に入れられ、同じ食事が与えられます。そして時期が来たら食料にされる運命を共同で持っています。

そこは平等な社会が実現されています。しかし自由がありません。ニワトリも放し飼いであったら、餌を探す手間もあるとは思いますが、個々の自由な選択が得られます。

いま世の中に全体主義的な流れも出てきてはいますが、未来においては世界で自由を尊重するような社会になっていかなくてはなりません。これが逆行してしまった場合には、人類にはさらに厳しい試練が訪れるでしょう。

ですので、未来の地球の在り方としては、全体主義を手放していき、自由が尊重される社会になっていく必要があります。

まずは自由が保障され、誰でも自由に活動ができ、政府によって制限されない世の中です。

そして次に公平な社会が望まれます。平等だけを求めていくと、努力したものが報われない不公平な世の中になっていく恐れがあります。ですから、公正性を求めるべきなのです。誰でも公平に評価される世の中になっていかなくてはなりません。

自由を抑圧するような全体主義や、悪しき平等主義から脱して、私たちは自由と公平を実現する社会を築いていかなくてはなりません。

❻ アースチェンジと霊界の大変革

これから地球が大きく変わっていくアースチェンジの時期を迎えますが、それと霊界との関係についてお話ししてみたいと思います。

アースチェンジによって、これから大きな変革が地球に訪れます。

これは果たして霊界とどのような関係があるのか？

たくさんの魂が、別な星へ向けて生まれ変わるための移行期に来ていて、地上で肉体を脱ぎ捨てる時期に来ているのでしょうか？

あるいは新しい地球＝ニューアースに多くの人が生まれ変わるために、その準備期間として大勢の方が肉体を脱ぎ捨てていくのでしょうか？

これからコロナ禍はまだ数年続きますし、経済危機や食料危機、戦争、天変地異が続いていくでしょう。厳しい時代となりますが、それらは新しい地球に生まれ変わるための陣痛の苦しみです。

いまの地球に住む人類だけでは物事が固まっていて、変化がなされないため、そうした天意による大きな変革の時代に突入するのです。

多くの命が失われていく時代に入っていきます。ただ、魂は永遠であり、滅びることはありません。人はいずれすべて死にゆくものであり、誰一人死を逃れることはできないのです。

アーステェンジの時期に生き延びたとしても、いずれは癌か心臓病か分かりませんが、人は必ずこの世を去ることになります。誰一人例外なく、肉体を去って、あの世へと旅立つのです。

それがどのような形になるか分かりませんが、いずれ死が訪れることは避けられません。

これから訪れる出来事に遭遇して、人々は今までの在り方が正しかったのか、振り返ってみて反省の気持ちを起こします。これは魂の軌道修正がなされることで、魂の浄化にとってはよいことなのです。

地球に生きる私たちにとっては辛いことではありますが、反省を促されることで、魂の浄化が進んでいきます。

これは霊界にとっても変化の起こる機会となります。

地上に唯物論が広がり、科学万能で無神論が広まっていくと、死後に未浄化な霊が増えてしまいます。今の地球では自分が死んだことも分からずに、この世に留まり続ける未浄化霊が増えています。死の意味が分からず、霊界も分からないため、死後も物質世界に滞留し続ける魂が増大していき、地表面に新たな世界を形成しつつあります。

地球表面に、私たちの住む物質次元に重なるようにして、浮遊霊や地縛霊と呼ばれる者たちの世界ができています。それが地球意識にも悪影響を与えている状況です。

現在の文明は、どんどん便利な世の中になってきましたが、魂を置き捨て走ってきたため、今、そのツケが溜まっているのです。

無神論者が増え、この世だけ謳歌すればよいという価値観の人が増えると、霊界も不浄な霊域が増加してしまいます。それが地球表面を覆い、地表に反映して、凶悪犯罪や悪い出来事を引き起こしてしまう原因ともなっています。

不調和な霊域が、地表を覆ってしまうと、霊的な光が射さなくなり、悪事が増えてしまうのです。そのため益々魂は汚れていき、地上に生まれてくることでかえって魂が汚れてしまう事態が生じます。

現在の地球は、本来の魂の修行場として相応しい場所とはならず、生まれてくると逆に魂に汚れが付着してしまう場所となっています。そのため地上を浄化する必要があるのです。

地球を浄化していけば、霊界も浄化されていくのです。

そのように、この世もあの世も表裏一体の関係にあると言えます。

地球が本来の目的を果たす場となるために、これから大きな変革が予定されているのです。地球の浄化が霊界の浄化にも進んでいきます。

もうこれ以上、地球に生まれることで魂が堕落していくだけの場所にはさせない、という宇宙の意志が働いていると思います。

これから苦難の時期となりますが、多くの人が魂を浄化し、新しい地球へと進んで行くことを願います。

7 ニューアースへの魂の選別

これからアースチェンジが起こり、新しい地球＝ニューアースに生まれ変わっていくという話をしています。**そのニューアースには、すべての魂が移行するわけではありません。新しい地球に生まれ変われない人も出てくるのです。**

地球の波動を高く保つために、波動の低い者は一定期間、生まれ変われなくなるでしょう。ニューアースでは地球そのものの波動が高くなっていくため、低い波動の者は住んでいられなくなります。

波動が低い魂というのは、精神性を忘れ、物質欲や色欲などに傾倒し、獣性の濃い魂を言います。精神性の高い人間よりも、獣のほうに近い魂ということです。

波動が低いままの人は、ニューアースに住めなくなるため、別な星へと転生していかなくてはならないでしょう。おそらくそれは、地球より過酷な環境の星への転生となるはずです。

地球も厳しい修行の場の面もありますが、それでも生きる上でとても恵まれた星でもあります。別な星では、地表に住めなくなって地下生活を余儀なくされている星もありますし、過酷な環境に暮らす者たちもいます。そうした厳しい場所からすれば、地球は宇宙のオアシスのような所でもあるのです。

地球でも砂漠地帯とか、北極、南極のように過酷な場所もありますが、別な星ではそうした環境の厳しいところに住んでいる者もいます。彼らからすると地球は楽園の星に映ります。

波動の低い生き方をしてきた人たちは、ニューアースに住めなくなってしまい、次の転生先の星に大挙して移住することになります。そこは地球よりも過酷な星で、いかに地球での生活がありがたかったかを、身に染みて感じるでしょう。

そうして学びを深めていって、魂が成長していけば、また新たな星へと生まれ変わってくる者たちもいます。でなければ、ずっと過酷な星から抜け出せないでいるでしょう。このことをアセンション＝次元上昇が起こると理解している人もいるようです。

「地磁気の喪失」について書いた文でも、かつて地磁気が失われた時に、生物の絶滅が起こり、さらに人類の急激な進化が起こったという話をしました。

野蛮な種族が絶滅した一方、生き延びた人類は突然、芸術に目覚め、壁画などを残すようになりました。これらは地球の電磁波の影響があったのかも知れません。

私達の脳は磁気の影響を受けることが分かっています。脳への電気や磁気による刺激によって、天才的な能力を引き出す研究もされています。

オーストラリア・シドニー大学の研究者らは、頭皮から弱い直流電流を流す経頭蓋電気刺激（tＤＣＳ）という手法で、被験者にサヴァンのような能力を誘発することに成功したと発表しています。サヴァン症候群の多くは言語や対人関係などの能力に障害がみられるものの、音楽や芸術、数学、記憶といった分野で並外れた才能を発揮します。たとえば一度見た風景を、まるで写真撮影したかのように、あとから細部にわたって絵にかいて再現するサヴァン症候群の人もいます。

こうした通常の人間からは想像できないような、天才的な能力を発揮する人たちがいます。そのような特殊能力が後天的に現れる人もいて、おもに頭部への損傷などが原因で起こっています。

脳に電磁刺激を与えることで、そうした特殊能力に目覚める可能性があります。

また人間の脳波はさまざまな周波数を発生させていることは広く知られています。人間の脳波は、4～7Hz《ヘルツ》がシータ波、8～13Hzはアルファー波、14Hz以上をベータ波と分類しています。リラックスした時にはアルファー波が出ており、忙しくしている時はベータ波だと聞いたことがあるかと思います。

そして地球そのものも一定の周波数で共振していることが分かっています。電離層（Ｄ層）と大地の間で電磁波が7・8Hzから31・7Hzで共鳴していることを、１９５２年に米国のイリノイ大学のシューマン教授が初めて観測しました。この周波数を「シューマン共振」と言います。シューマン共振は別名「地球の脳波」とも言われています。

地球そのものも生きており意識を持っています。その意識体をガイアと呼びます。ガイアによって地球の周波数、あるいは波動が今後変わっていくと思われるのです。

そのため、地上に生きている私達にも大きな変化が訪れます。私たちの意識そのものが変化していきますし、それについてこられない意識は、変化した地球＝ニューアースへは移行できないでしょう。

今後、そうした変化が予想されるのです。

❽ 新しい地球行きの切符を手に入れるには？

地球が生まれ変わる、アースチェンジが起こるという話をしています。

これから新しい地球へ、ニューアースへと移行するために、私たちには何が必要でしょうか？

新たな地球にとって必要なこととして、光と闇の分離があります。今まで混沌《こんとん》として、光も闇も、ともに混ざっていた地球を、明確に二極を峻別していく必要があります。

政治の闇、社会の闇、人々の心の闇、そうしたものが日常のなかに溶け込んで、人々は見えないふりをしていました。こうした闇を白日の下にさらし、明確にすることが必要です。

光は光として輝き、闇は消し去っていくものとして認識されるべきです。今までは、人々の欲によって、闇もまた光と共に生き続けていました。それが今、はっきりと切り分けられ、取り除かれるべき時にきています。

それは社会や世の中においてもそうで、悲惨な出来事や、さまざまな国の行う悪事を黙って見過ごす時代は終わりにしなくてはなりません。

闇を明確にし、取り除いていくことが、新時代の地球へと移行する切符となるでしょう。

それは個人においても同じことが起こります。私たち自身の中にも、欲やエゴによって悪を見逃す傾向があります。他人の行う悪を見逃していたり、自分の悪を正当化したりする傾向があります。そうした光と闇を混合したままでは、生まれ変わる地球に移行できません。

誰しもが過ちは犯してしまうものです。それに目を塞いで、正当化するのではなくて、しっかりと反省して、自浄作用を働かせなくてはいけません。

各々が、心の浄化を進めて、白き衣（清らかな心）をまとうことで、新しい地球への切符を手に入れます。

❾ ニューアースに移行する人、しない人

この地球における人類の文明は、必ずしも神仏の目から見て正しいもの、望むべきものではな

くなっています。人々は科学文明に精神が浸かり、目に見えないものへの畏敬も忘れ、神に感謝することもなくなりました。

そして自分たちが万物を支配し、宇宙へも旅することができ、科学で何でも分かったかのような錯覚に落ち、神仏を否定してきました。

そのような人類に対して、これから反作用として試練が出てくるでしょう。そして人々は、試練の時代を越えて、新しい地球へと移行していきます。

ニューアースへと移行していくのです。

残念ながら新しい地球へと生まれ変わるためには、多くの試練を掻《か》い潜《くぐ》らなければなりません。新しい命が誕生する時には、母親は産みの苦しみを体験するように、新しい地球を誕生させるには、人類に産みの苦しみが必要となります。それによって古い体制が崩れ、今までの在り方を人類が改め、新生していく契機となります。

イエスは言われました、「だれでも新しく生まれなければ、神の国を見ることはできない」と。

新たに生まれ変わらなければ、神聖な新地球へは移行することができないことを意味します。

自らの思いと行いを悔い改め反省し、新たな自分となって生まれなければ、ニューアースへと移行できないのです。それは私たちを裁くためではなく、神仏は私たちを愛するために、魂を救済するためになされることです。

人には闇に入って行くものと、光に向かうものとがいます。

どうして闇に惹かれるかというと、自らの内にも闇があり、それが引き寄せ合うのです。そして闇の中にあるうちは、自らの闇は糾弾されず、隠し通していられます。もしも闇を多く持つ者が光に来たならば、自らの悪が白日の下に晒され、知られてしまうため、光から逃れようとします。

しかし、日ごろから自らを正し、真理を行っている人は、光へと向かいます。光と親和性が高く、その思いと行いが神仏に見られても恥ずかしくないからです。光と共に生きるとは、誰に見られても恥ずかしくない生き方をすることです。

ニューアースに移行するためには、光を選択し、光と共にあり、闇を選ばないことです。光と闇の選択について、次章で詳しく述べていきます。

第4章

終末の世に起こる光と闇の戦い

❶ 真実の世界が見えるサングラス

1988年に公開された、『ゼイリブ』という昔のアメリカ映画があります。貧富の差が激しく失業者のあふれる時代に、主人公のナダは、ある都市に流れ着きます。そこで仕事を得られたナダは建築現場で働きながら、貧民キャンプに住み込んで暮らします。キャンプ場にあるテレビが唯一の娯楽で、ナダはいつものように画面を眺めていました。すると突然、テレビが電波ジャックされ以下のような放送が流れはじめます。

「私たちは、〝彼ら〟の発信する信号により、催眠状態にさせられています。〝彼ら〟の目的は私たちを物質主義者にさせ、〝彼ら〟の正体を知られないようにし、私たちを欲に狂わせて、『奴隷』にしたてているのです…」というものでした。

実はその電波ジャックは、貧民キャンプを運営していた教会関係者が行っていたのでした。ある夜、その教会が警官隊に襲撃され、宣教師は逮捕されていき、キャンプ場も破壊されてしまいます。

追い出されていたナダは、翌日、教会の跡地に戻ります。すると破壊された教会の隠し戸の奥に多数の段ボール箱を発見します。その箱の中を開けると、大量のサングラスが入っていました。一見すると何の変哲もないサングラスに見えますが、それは不思議なサングラスでした。

ナダが何気なくそのサングラスをかけ街に出ると、看板や雑誌の表紙、新聞記事やテレビなどから、「従え」「考えるな」「眠っていろ」「消費しろ」「権力に従え」などという文字が浮かんで見えます。

サングラスを外すと普通の新聞やテレビなのですが、掛けると人々を従わせるようなメッセージが浮いてくるのです。

そして大金持ちや特権階級の中に、不気味な姿をしたエイリアンたちが紛れ込んでいるのが見えます。

サングラスを通してみると、人々に催眠をかけて人間の姿に見せていた、権力者や金持ちの本当の姿が浮き彫りになるのです。

つまり彼ら不気味なエイリアンたちが、人類を洗脳して奴隷化し、働かせていたという世界の真実を知ってしまったのです。

このサングラスは、〝彼ら〟が発する催眠信号を防ぐことができ、メディアに仕込まれた真のメッセージと、〝彼ら〟の正体を見抜くアイテムだったのです。

多くの人は真実に気づかずに生きています。

人々はメディアから発せられる洗脳メッセージによって、〝彼ら〟に都合よく動かされ、支配されています。その真実を知っているのは、ほんの一握りの人間だけなのです。

『ゼイリブ』はフィクションの映画ではありますが、世界の真実を表しています。

皆さんは世界をありのままに、真実の姿を見ていると思っていますが、実際にはそうではないのです。権力者や支配層に都合のよい世界の姿を見せられています。

それはメディアなどを通じて、多くの人が洗脳されているからでもあります。多くの人はまさか自分が洗脳されているとは信じないでしょう。洗脳とは一部の人が騙されるような特殊な体験で、自分には関係ないと思っています。しかし、自分は大丈夫と思っている人ほど、実は強く洗脳されているのです。

多くの人々は、メディア等が映し出す、彼らに都合のよい情報だけを与えられ、それが真実だと思わされています。一方で彼らにとって不都合な情報は、一般の人々には与えられないのです。

それは政治についてだけでなく、霊的真実についてもそうです。

多くの人々は霊的真実を知らずに、メディアに洗脳されて生きています。

人生はこの世だけと信じこまされ、物質欲を煽られ生きるように仕向けられます。

人々が霊的に盲目になり、欲望のままに生きているほうが、支配層や権力者には都合がよいからです。

ですが、映画のように真実が見えるサングラスを手に入れたら、本当の世界が見えてきます。

いまだメディアによる洗脳が解けていない人からすれば信じられないことでしょう。

しかしサングラスを手に入れたものは、真実の世界が見えてきます。

はたして皆さんは、真実の世界を見る勇気を持てるでしょうか？

２　メディアが人々から光を隠し、闇に誘っている

現代は多くの人が光を見失っています。

この世は闇の世界に近いため、その影響を受ける者が多いのです。

ゆえに、この世の権力者や、この世を動かすメディア、巨大ＩＴ企業などには、闇が巣食い、人々を光に向かわせないようにし、闇の虜《とりこ》にしています。

メディアは誤った情報を流し、人々を間違った道に進めています。

最近で言えば、新型コロナに関しても、当初はたいしたことない、ただの風邪だと、テレビの専門家らが述べており、結果、中国からの流出を防げなくてパンデミックを引き起こしました。

そしてメディアらの予想に反して感染が拡大し、病院が患者で溢れかえる事態となると、今度は慌てて人々の危機を煽り、ワクチン接種に進ませます。

「ワクチンさえ打てば、コロナはもうすぐ終わるのだ」と彼らは言っていたのです。

しかし、私からは、ワクチンが登場してきた当初から、すぐには終わらないとお伝えしていました。そして副反応にも問題が出ると警告していました。

実際に、ワクチンが進められても、いっこうに流行は収まらず、むしろワクチン接種を進める

国のほうが感染拡大をしている始末です。

つまりワクチンを打つほどに、感染が広がっているのです。

しかも、今度はワクチンは重症化を防ぐと言い出していますが、はたして変異が続くウイルスにどこまで耐えられるのか疑問です。

私のほうでは先に予知を述べているように、これからワクチン接種者がむしろ重症化してしまうウイルスが広まるように感じられるのです。

メディアがワクチンを推奨しているのは、危機を煽って自分たちが儲けるためなのではないかと疑いが浮かびます。ワクチンによって製薬会社は膨大な利益を得、製薬会社がスポンサーとなるメディアやＩＴ企業も儲かり、さらにワクチン接種によって医者も儲かるわけです。

このように、自分たちが儲け利益を得るために、真実を人々から隠し、扇動して自分たちの都合のよい方向に進めているように見えます。多くの国民はそれに気づかず、盲目的に従わされています。

それはこの世の健康や命だけなら、まだましかもしれません。

しかし、彼らは人間の魂をも真実から覆っていきます。人々にこの世だけだと思わせ、この世での楽しみに没頭させ、快楽を求めさせます。物質のみに関心を向けるように仕向けているのです。

テレビはつまらない娯楽番組ばかり流し、人々を愚かにさせ、自分で考え、真実を探求する力を奪っていき、メディアが流す情報をそのまま信じ込む人々を増産させます。そうして人々に娯楽や快楽を与える彼らが、さらに儲かる仕組みになっています。

人々が霊的真実に目覚め、この世ばかりに囚われなくなれば、彼らの支配が弱まってしまうからです。

「この世だけがすべてだ」という主張こそ、最大の幻なのです。彼らは幻術を使って、人々を洗脳し、真実を語る人を異常者のように見せ、人々をこの世だけだと思わせようとします。

必死に陰謀論の間違いを訴えて、自分たちの言うことを信じない者は、危険な者たちだという刷り込みを国民にしています。

たとえばテレビで霊的なものを扱うのは、ホラーものばかりでしょう。それは霊的なものは恐ろしいものだと印象付けて、人々を遠ざけるようにするためです。

真実の霊的世界は、守護霊様やご先祖様など、私たちを見守っている存在たちのいる暖かな世界です。そうした光の世界や、光の存在についてはほとんど取り上げず、闇の存在ばかりを扱うことで、霊的なものに恐怖感を植え付け、闇に親和性を持たせるようにしています。

そのように、間違った方向に人々を扇動し、闇の住人に仕立てているのです。

まるで崖に向かって進む羊の群れのように、彼らに従って行けば、崖から落ちてしまいます。そして死後も闇の住人にされてしまいます。

メディアこそ現在のニセ預言者であり、それに従って行く者は崖から落とされてしまいます。ハーメルンの笛吹き男のように、その奏でる音色に従って行けば、やがては破滅へと導かれます。光と闇を語るうえで、メディア問題は避けて通れません。彼らによって多くの人が闇へと導かれていくからです。

現代はまさにメディアが神に成り代わっている時代です。人々はメディアから流れる言葉を信じ、それを受け入れていきます。メディアの情報と違うことを言う人がいれば、白眼視され、迫害を受けてしまいます。

現代は、メディアが神に成り代わって神託を述べ、それを国民が受け入れている状況なのです。そのため、人々に真実の光を届けることが大切なのです。このまま闇に操られるままなら、いずれは死後も闇の虜にさせられてしまいます。

どうか今の時代に、メディアの洗脳から解かれて、真実に目覚める方が一人でも多く出て来ることを願います。それが世の中を少しでも明るく照らす、真実の光の元となっていきます。

3 メディアの誤扇動の歴史

今まで日本でどのようなメディアの誤扇動があったのか、速足でたどってみたいと思います。

戦前の日本では１９０９年5月6日に公布された新聞紙法によって、新聞は検閲の対象となっていました。そのため「戦争に協力しなくてはならなかった」とする、メディア被害者論が広まっています。

しかし、実際には戦中の新聞やラジオなどのメディアは、積極的に戦争を肯定し、国民を戦争へ協力するように向かわせました。

戦後、大本営発表によって日本軍の不利な情報を知らせることはできかったと言い訳しますが、新聞メディア等は、その発表を検証もせずに流し、偏向報道を行ったことで、国民は真実を知らされず、無謀な戦争に突き進まされたのが真相です。

戦後は政府高官や軍指導部が、東京裁判にて有罪にされます。彼らによって国民は騙され、敗戦の苦しみを味わったという論調が広がります。ですが、彼らだけの責任ではなく、実際には新聞ラジオ等のメディアも同罪だったのです。むしろメディアの論調によって、政治家も開戦に向かわざるを得なくなったのが真相でしょう。

しかも、メディアは戦後、自分たちの過去は忘れて、まるで始めから反戦平和主義者だったかのように、手のひらを返し、政治指導者や軍指導者らを糾弾し、「私たちは彼らに騙されていたのだ」と被害者を装いました。

そうして今度は、国民に自虐史観を植え付け、これまた偏った情報を国民に流し続け、洗脳を行ってきたのです。

自虐史観によって、日本の歴史の負の部分ばかりを誇張し、日本の行ったことはすべて悪だと国民に植え付けました。

それによって中国や北朝鮮などの軍拡を結果的に進めてしまいます。つまり隣国に日本のような悪の国があるから、中国や北朝鮮などは、「自分たちが軍備を増強することは正しいのだ」という理屈です。

そのように自虐史観に偏った結果、日本はまた平和が脅かされる時代に入ってきました。

戦前戦中の報道のように、自国の力を過大に評価し、無謀な戦争に突入するのも国を失う危険な行為ですが、同じように自虐史観に偏り過ぎると、他国からの侵略を招いてしまい、同じように平和が脅かされるのです。

このように極端にぶれてしまうと、中道から外れ、どちらも国家の危機に直面してしまいます。メディアは戦前も戦後も、手のひらを返したように真逆の主張をしていますが、結局どちらも国民を危険に向かわせることでは同罪です。

そして国民に自虐史観を植え付け、「戦前は宗教と政治が繋がっていたから間違いを起こしたのだ」として、天皇陛下を中心とする国家神道など、宗教を否定し日陰に追いやってきたため、日本に無神論と唯物論が広がりました。

そうして戦後は精神性は置き捨て、とにかく豊かさを求めて、経済上の利潤追求を第一に考える国民を生みだします。その姿はエコノミックアニマルと欧米から侮辱的な言葉で評されました。

さらに80年代後半になり、日本経済が好景気になっていくと、今度はメディアが一斉にバブル潰しの合唱を行います。

地価が高すぎる、株価が高すぎると、連日メディアが叫ぶことによって、日銀や政府を動かし、日本経済を潰しにかかりました。これがバブル崩壊に繋がり、以降の日本経済は失われた30年を経験します。

地価が高くなり、家賃が高くなったとか、住む部屋が狭くなってしまうと言うなら、もっと高層ビルを建てられるように規制を緩和したらよかったのです。東京などは世界の大都市にも関わらず、低層建築が広がっています。高層ビルが立っているのは一部の地域に限られています。

もっと高い建物を建てられるようにすれば、土地代が高くなっても、もっと広くて安いマンションなどが建てられます。そうすることで地価を暴落させずに広くて安い建物に住めるようになったのです。

安易に土地が高いのが悪だと地価高騰を悪役に仕立て、それを叩いて喜んでいたために、日本経済全体がガタガタになったのです。

日本のバブル潰しは、ハードランディングによって経済をクラッシュさせてしまった悪い見本として、世界的に知られることとなりました。

そして2011年に、あの東日本大震災が日本を襲いました。震災で電源を喪失した福島原子力発電所にて、建屋が爆発する事故が発生します。その時にもメディアは人々の放射能への不安を煽り、福島県へのいわれのない差別や、風評被害を生み出します。

放射線自体は自然界にも普通に存在しており、宇宙からも私たちに降り注いでいますし、天然鉱物からも放射する物があります。そもそも治癒効果があるとして人気のラジウム温泉も、低線量の放射線が出ており、それをわざわざお金を払って浴びにいっているのです。ラジウム温泉に入って健康になると言われていますので、放射線は低線量なら問題ないのです。しかし、メディアの報道によってわずかでも放射線が検知されれば危険と騒がれ、結果的に風評被害を拡大させています。

いまも福島の復興が進まないのは、メディアによる風評被害の結果です。

そして放射線への恐怖をメディアが煽ることで、日本各地で原発が停止されていきます。時の総理だった菅直人氏の責任もあったでしょう。

そのため日本は電力生産に火力発電を多用することとなったため、現在の電気料金高騰に繋がっています。原発をすみやかに再稼働していれば、安価な電気を供給できるのですが、天然資源の上昇によって、日本でも電気料金が値上がりしています。

これは今がピークなのではなく、今後日本でも電気料金はさらなる高騰を起こします。電気料金が上がると家計負担が重くなりますが、製造業なども電気を使いますので、結果的に物の値段が上がっていくことに繋がります。

つまり、すでに日本ではインフレが歴史的な上昇を見せていますが、これからさらに高進していくでしょう。私たちの生活はますます厳しいものとなっていきます。

さらに太陽光発電を進めていますが、日本全国で太陽光パネルの設置が行われた結果、自然を破壊してしまい、土砂崩れや川の氾濫などの自然災害を増やすこととなっています。太陽光パネルを設置するため、日本各地の山などが裸にされ災害を招いています。自然破壊を加速する太陽光発電を進める意味があるのでしょうか。

加えて太陽光発電の問題点を指摘すれば、太陽光パネルの多くを中国が製造しています。その中国製品はウイグル人の強制労働によって作られていると言われています。つまり日本で太陽光発電を推し進めると、中国政府によるウイグル人弾圧に加担することを意味します。

メディアは中国の行っているウイグル人やチベット人、モンゴル人、法輪功（中国の気功を学ぶ集団）信者への弾圧には黙秘しています。中国の弾圧に眼を塞ぎ、日本国民に伝えないことで、その弾圧に加担しているのと同じなのです。

メディアは日本の問題について針小棒大に叫び、国際的な日本の評価を下げることに力を注いでいますが、中国や朝鮮半島の問題については目をつむり、国民にその情報を伝えないことで洗脳を進めているのです。

さらに地球温暖化についてもメディアは危険性を叫んでいますが、先にも述べたように、そもそも温暖化の原因は二酸化炭素が原因ではありません。

ここ1万年近く、地球は氷河期から抜け、だんだんと暖かくなり続けているのです。それはずっと続くのではなく、やがては寒冷化に向かいます。

地球は太古の昔から、温暖化と寒冷化を交互に繰り返してきたのです。長期的に見ると今の地球はまだ寒い時期に当たり、今は氷期と氷期の間の間氷期という時期にあるのです。

そもそも温暖化によって海面上昇が起こり、多くの町が水没するかのようにメディアは誤解させていますが、実際にはそうなっていません。有名なバヌアツ諸島や、イタリアのベネチアなど、実際には地盤沈下によって水没の危機にあるのです。けして温暖化で海水面が上昇して、水没の危機にあるのではありません。

そのことは調べればわかるので、本当はメディアも知っているはずですが、温暖化の被害として国民に伝えやすいので、真実は伏せられています。そうして国民を騙して洗脳しているのです。

またトランプ前大統領についても、メディアの情報からすると、頭のおかしな人物のように思われるでしょう。しかし本当にそうなら、彼を熱狂的に支援する人たちがこれだけ多く出るでしょうか?

トランプ氏は政治家ではなかったため、これまでのしがらみがなく、政治家と財界、エリートら陰で世界を操作しようとする者たちと関わりを持たず、むしろそれを払拭《ふっしょく》するように動いていたのです。

それが既存の権力者にとって不快であり、そのためメディアを使って徹底的に叩かれたのです。

ちなみに陰で米国および世界を操っている者というのは、いわゆるディープステート＝ＤＳと言われる者たちです。

彼らは実在し、米国内で大きな影響力を持っていますが、ＤＳの存在に触れただけで、陰謀論と決めつけられてしまいます。ここでも真実が隠され、闇側の都合のよいように操作されているのです。

トランプ氏は在任中に新たな戦争を起こさなかった大統領でもあります。米国で多大な権力を持つ軍産複合体やＤＳにすれば、これは許せないことでした。

もし２０２０年の米大統領選で、トランプ大統領が再選されていたら、北朝鮮問題は解決に進んでいたはずです。わざわざ国境線まで行って金正恩総書記と会談し、合わせて二回も会見した米大統領はトランプ氏だけでした。金正恩もトランプ氏に好意的であり、本気で交渉につく思いを持っていたのです。トランプ氏が再選していれば、おそらく北朝鮮は国を解放して経済発展する方向に進んでいたと思います。

トランプ氏は戦争ではなく、交渉によって問題を解決しようとする米国には珍しい大統領でした。

トランプ大統領であればウクライナとロシアの戦争は起こらなかったでしょう。彼ならロシアをここまで追い込んで、戦争に向かわせなかったでしょうし、直接プーチン大統領に会って解決を図っていたはずです。トランプ氏はプーチンのことを理解していましたし、プーチンも然りです。

しかしそれを快く思わない者たちによって、情報は操作され、彼を異常な人物で、危険な男だという印象操作がなされました。テレビや新聞が真実を流さなかっただけでなく、SNSでもトランプ氏の発言をシャットアウトする事態まで起きました。一国の大統領の発言を制限し、アカウントを停止してしまう事態が生じていたのです。これは明らかに異常な出来事ですが、それを疑問に思わなくさせられています。

代わって大統領となったバイデン氏は、息子のハンター氏がウクライナの資源会社から不当な利益を得ていた疑惑があり、そのハンター氏を通してさらに中国からも賄賂をもらっていた疑いもあります。

これらの疑惑への目隠しや、戦争による儲けのために、わざとロシアを追い込んでウクライナとの紛争に駆り立てているのが読み取れます。

バイデン氏はウクライナのゼレンスキー大統領を使って、NATO加盟をそそのかし、ロシアを刺激して、あえて戦争をさせるように駆り立てました。

これは以前にもブッシュ・ジュニア元米大統領が同じことを行っています。

2008年4月のブカレストNATO首脳会議で、ウクライナとジョージアを将来的にNATO加盟国にすると宣言しました。これにドイツやフランスが「ロシアを不必要に刺激する」と反対を唱えていましたが、ブッシュ政権が強引に押し切るかたちで宣言させたのです。

それによってブッシュはプーチンを追い込み、ロシアをジョージアとの戦争に向かわせました。結果、同年8月、ロシア・グルジア（ジョージア）戦争が勃発します。

NATOというのは北大西洋条約機構という名称ですが、要は対ロシアの軍事同盟です。NATOが拡大していき、ロシア領に近づいていくことは、ロシアを追い込むことになります。

今回のウクライナ紛争についても、米バイデン大統領は同様な手段を使い、ウクライナをNATO加盟に向かわせることで、ロシアを挑発し、今回の戦争を起こさせています。

そのウクライナ紛争についても、メディアでは一方的にウクライナは被害者であり正義の側で、ロシアは加害者の悪であるとレッテルを貼っています。

しかし、ウクライナのアゾフ大隊はもともとネオナチの組織であったこと、ドンバス地域でロシア系住民への虐殺が行なわれていたことなどは取り上げません。これらの事実を隠蔽することで、ウクライナ支援に向かわせています。

その結果、ロシアからの資源が入らなくなって、世界的に資源高が起こり、インフレに拍車をかけています。そしてロシアを追い込んでいくことで、核戦争の危機に向かわせているのです。

また、現代は日本もそうですし、欧米などの先進国でも民主主義国家を標榜しています。一人の独裁者が現れて、国民を不幸にしないよう、選挙で選ばれた者たちが政治を担っています。そして権力が集中しないように、三権分立といって、司法、立法、行政が分かれています。

こうした民主主義のシステムに日本もあるわけですが、実際には大きな欠陥もあります。それは選挙で政治家を選ぶとされていますが、民意を自在に動かして、選挙結果を左右させる存在のことまでは想定されていないのです。

民意を自在に操る者、それはつまりメディアにほかなりませんが、新聞やテレビ等は、世論を巧みに操作しています。そのため選挙結果をも左右させる力を持っており、実質的に民主主義国においては最高権力を持っているのです。

そしてメディアで国民を操っている者は、政治家のように選挙で選ばれるのでもなく、誤った方向に国を進めようとも自らは何らの責任も問われず、気に入らない政治家は次々と首をはねる力まで持っています。しかも、国民には誰が操作しているのか、その責任の所在さえも分からなくされています。

もともと民主主義の誕生時には、現代のような世論を操るまでの巨大なメディアが存在しなかったため、権力として想定していなかったのです。それが今や民主主義国で実質的に第一権力となっており、自分たちのやりたい放題に国を動かし、甚大な被害を与えています。

このようにメディアは数々の過ちを犯し、国民を誤った方向に進ませました。そのもっとも大きな被害は、人々を唯物論へと誘導し、物質欲を煽って物だけに目を向けさせることです。人々から精神性を失わせ、獣のように育てていった事実です。

黙示録の章でも述べるように、メディアこそ人々を惑わし、間違った方向へと進ませる、終末の世に出て来るニセ預言者なのです。

巧妙な洗脳によって人々を従わせ、闇の子とします。彼らに付き従って行くと、人々は破滅の道を歩んでいくことになります。

ですから、みなさんは目を覚まし、真実のサングラスをかけて、彼らの過ちに気付かなくてはなりません。覚醒しなければ、次の世に相応しい者となれません。ニューアースでは、目覚めた人が必要とされるのです。

多くの魂は、この世に生きてもまだ眠った状態で、覚めないままに日常を送っています。私たちの本質が魂であることも気づかず、光の本質も知らずに過ごしています。

そうしてネガティブな者たちが見せる幻を真実だと信じて、操り人形として生きていくのです。幻によって作り出された「マトリックス」の世界から、覚醒することが大切です。

映画の主人公ネオが真実の世界を知ったように、この書籍は、真実を見せる道具となります。

「招かれた人は多いが、選ばれた人は少ない」という言葉があります。

真理に触れる人は多くても、それを受け入れる人は少ないのです。

大抵の人が、真理が伝えられても、それをバカにし、唾棄して、捨て去ってしまいます。

宝石を与えても、ただのゴミだと思って捨ててしまい、与えようとした者に摑みかかってきます。

真理が隠され、幻が世界を覆っている時代であるからこそ、それを受け入れることは魂にとって貴重な体験となります。

多くの人が眠った中で、目覚めるのは大変な出来事です。

しかし、だからこそ、重要な体験を積んでいると言えます。

4 闇に支配され地球文明が終末を迎えるかの分岐の時

かつての文明においても、光と闇との大きな対立が起こった時代が何度もありました。人々が光の側につくのか、それとも闇側につくのかの選択が迫られたのです。

かつての文明では、その末期において、闇側につく者が多く出現しました。そのために大陸が一夜にして海に没し、文明の崩壊を迎えたことが何度もあります。

アトランティスやレムリアなど、耳にしたことはあると思いますが、そうした文明でも、光と闇の選択はあり、間違った選択をした結果、文明が滅んでしまったのです。どちらを選ぶのかは人類の選択に任されています。しかし、その結果は受け入れなければなりません。

地球が闇に覆われて、地球に生まれてくることが闇に染まってしまうこととなるならば、その文明は必要ないものとなり、リセット＝文明の終焉を迎えるのです。

かつて栄えた文明の最後に生きていた人が、再び地球に多く生まれ変わってきています。アトランティスやムー大陸の末期に生きてきた人が、再び多く地球に生まれてきているのです。そしてもう一度、かつてと同じような選択の機会が訪れています。すなわち、光を選ぶのか、それとも闇を選ぶのかの選択です。

終末の時というのは、人々が光か闇かに振り分けられる時期でもあります。

闇は巧妙に光を装い、人々に近づいてきます。善良な顔をして人々に近づき、人間を闇に染めていきます。羊の皮を被った狼が、私たちの群れの中に入り込んでいます。

一見すると正義や善良なことを言っているように見せかけて、人々を信じ込ませ、闇へといざなっていくのです。

現代で特に大きな闇であり、偽メシアや偽預言者が無神論の共産主義とメディアです。共産主義は人々の平等を謳い、理想郷の幻想で人々を誘惑しながら、無神論を植え付け、神へ反抗する人々を生み出しています。国において共産主義を採用しているところもあります。中国や北朝鮮などです。

しかし、先進国の中においても、唯物論や国民を統制する思想は広まっており、各国を汚染してきています。アメリカと日本のメディアも情報を統制し、国民に真実を知らせず、洗脳を行っています。

世間の常識や価値判断を作り出しているのは、新聞やテレビなどのメディアや、巨大ネット企業です。人々は彼らが見せる虚像を真実だと思いこまされ、精神的な奴隷にされています。日本でもずっとその状態は続いています。

世論というものは、マスコミなどの上層部の意見によって、いかようにも操作できるのです。ただ、ネットの出現によって、人々はマスコミ以外から情報を得られるツールを手にしました。ようやく、人々は今までマスコミに騙されていたこと、洗脳されていたことを徐々に知り始めます。

しかし、ここでもあらたな罠が発生してきました。

ネットの世界にも巨大なＩＴ企業が出現し、市場を占有した彼らは、旧来のメディアと同じく自分たちに都合良く情報を操作し始めたのです。

Twitter や Facebook、YouTube などの新メディアも、不都合な情報の検閲、統制を行い、人々の自由が失われようとしています。

世界的に情報が一握りの者たちに摑まれ、操作されているのです。これは北朝鮮や中国の国営番組が、自分たちの都合のよいニュースしか流さないのと、同じ状況になりつつあるのです。

このように世界的に国民の洗脳がなされ、闇が世界を支配しようとしています。情報を統制することで人々をコントロールし、闇に染めていこうとしています。

人々は知らず知らずに思考をコントロールされ、正しいことだと思わされて闇に染められていきます。たいへん危険な状況に、今、世界はなりつつあるのです。

かつても人類は何度も滅びの時代を迎えたように、現代もまた、終末の時期に差し掛かろうとしています。最悪の場合には、人類が滅んでしまうこともありえます。それは過去の文明において、何度も繰り返されたことではあります。

ですが、真実を知る者が少しずつ増えていくことで、世の中に変化をもたらしていきます。はじめは小さな動きであっても、それはやがて大きな波へと変わっていきます。

今、マスコミや政治家、巨大企業、大富豪などの闇が、世間を覆い尽くそうとしています。しかし、次々と内側からベールを破っていくことで、ほころびが見えてきます。終いには、真実を国民から隠しおおせなくなるでしょう。こうした光と闇との勝負が行われているのです。

光とは物事を照らすものであり、明らかにしていきます。

闇とは物事を暗くし、人々の目をくらまし見えなくする力です。

闇はまだ濃く、多くの人が真実を知らずに闇に覆われてしまっています。すこしでも真実を知る者が現れ、世の中を光で灯していくことで、闇は減っていくでしょう。いままで光と闇が交錯していた時代が過ぎ、両者が分けられ、どちらが主導権を握るかの分岐の時期に来ています。


どうか目覚めてください。

真実を知ってください。

闇のコントロールに気づいてください。

彼らは巧妙に人々の中に浸透し、巧みに操ってきます。

闇を正義と信じさせ、人々を従わせようとします。

闇側のつく嘘に騙されないでください。

みなさまが光と共に歩まれることを願っています。

どうか、多くの人が光に気づき、光のもとに立ち返ることを願っています。

地球が光あふれる世界へと生まれ変わっていくことを、そして、真実が明らかとなり、闇がはらわれていくことを願います。

❺ ２０２０年から大患難の時代に突入している

アメリカの女性予言者のジーン・ディクソンは２０２０年が光と闇の戦いであるハルマゲドンのピークだと予言していました。ピークであるというよりも、同年から人類の大患難の時代に入ってきたと言えます。

ちょうど20年代から新型コロナの世界的なパンデミックが起こりましたし、米大統領選ではトランプ大統領が敗れ、バイデンが勝利しています。

これは確かに光と闇の戦いの時代だと思います。

今後、厳しい時代がさらに深刻さを増していきます。

２０２２年もロシアとウクライナの紛争が起こりましたが、いまだに決着がつかずに続いています。23年からは、さらに厳しい時代が来ると思われます。

令和恐慌がはじまりを見せるでしょう。さらに核戦争時代へと入っていきます。

新型コロナが流行り出したころから、次は経済恐慌が来ると話していましたが、それが２０２３年には来るでしょう。不況を超える大不況になっていくと思います。

ですので、経営者の皆さまはいっそう気を引き締めていかなくてはなりませんし、仕事をされている方も、自分の仕事がなくならないか、覚悟をしておかなくてはなりません。そして食事にも事欠く人も出てくるでしょう。食料危機も深刻さを増していくと思われます。

戦争についても、核使用の時代に入る恐れがあります。局地的に使われる恐れが高まっています。おそらくそれは限定的なものではあると思いますが、やがて来る大規模核戦争の前哨戦になるでしょう。いったん核兵器が使われ出すと、世界的にも使用の可能性が高まり、核保有国と非保有国の紛争では、圧倒的に核保有国の意のままになる時代に入っていきます。

日本は核兵器を保有していませんが、北朝鮮のような貧しい国が核を持っていて、それに脅されて、言うことを聞かなくてはならない時代がもうすぐやってくるかもしれません。

さらに中国は野望をあらわにしてくるでしょう。

多くの国が核保有国の傲慢さに従わざるを得なくなります。

先にも述べたように、トランプ大統領が再選されていれば、北朝鮮との交渉も進み、北は開放路線に進んでいたでしょう。ロシアとも暴発しないように進めて、今のウクライナ紛争は起こらなかったはずです。そして対中国に力を注いでいたはずです。

それが大統領選で全部ひっくり返って、悪い方向に進んでしまいました。

バイデン大統領は、中国から息子を経由して賄賂を受け取っていたことや、その息子を使って、さらにウクライナの資源企業からも賄賂を受け取っていたという、自身の醜聞から目をそらすために、ウクライナをけしかけロシアとの戦争に向かわせました。

2020年は、たしかにジーン・ディクソンの言うように、人類にとっては大きな光と闇の戦いの節目があったと思います。

そうした時代に入っています。

しかし、闇が広まる時というのは、同時に光も輝いていくものです。希望もそこにはあります。

厳しい時代を抜けた先には、人類にとって明るい未来が展開されると信じています。

それまでを光と共に歩み、光の中にいるようにしましょう。

❻ 闇側宇宙人の地球支配計画

私たちの住む地球には、実は、たくさんの宇宙人と言われる知的生命体が訪れています。

ＵＦＯはみなさんもご存知と思います。近年、米軍から流出したとされるＵＦＯ映像を、米政府も公式に認めるというショッキングな出来事がありました。そして22年5月には米議会でおよそ50年ぶりに未確認飛行物体＝ＵＦＯに関する公聴会が開かれました。このことはＵＦＯの存在について、もう無視し続けられなくなったことを意味します。

ＵＦＯは実際に地球に飛来してきており、宇宙人は実在し、彼らは宇宙船に乗って遠い星からやって来ています。

その中の多くは人類に対して友好的な感情を持っています。

彼らの中には地球人として生まれてきている仲間たちもおり、それを見守っているケースもあります。私たちが地球人と思っている人たちの中にも、実は知らずに別な星にいた魂もいるということです。おそらく本書を読まれている人の中にも、宇宙人の魂を持つ人たちが多くいるでしょう。

そうした友好的な宇宙人が多いのも事実ですが、なかには野心を持った宇宙人がいるのも事実です。彼らは自分たちが地球で主導権を握り、人類を支配したいという野望を持っています。

その理由はなんでしょうか?

以前、アメリカのテレビドラマで『V』という作品がありました。

ある日、巨大なUFOの船団が地球上に飛来してきます。降りてきた宇宙人は、地球の人間となんら変わらない姿をしていました。彼ら〝ビジター〟は、全人類に友好的に接します。

しかし、彼らの真の目的は、人類を食料として捕獲することだったのです。彼らの正体は、肉食の爬虫類型宇宙人=レプティリアンでした。

〝ビジター〟たちの真の目的を知った一部の人間たちは、彼らから地球を守るため反撃に出る、という話です。

これは残念ながらそうした宇宙人もいることを、暗に示したドラマです。

彼らは人類を食料にし、あるいは物質だけでなく、人々の恐怖心や悲しみなどネガティブな感情エネルギーを自分たちの霊的食料にします。

物質的な意味での肉体を食料とするだけでなく、霊的にも人々の感情を文字通り食い物とするのです。

こうした宇宙人をネガティブ系宇宙人と言ったり、闇側宇宙人ということがあります。

ポジティブ系の宇宙人は、人々に善意や愛の感情をもって善導したいと願う者たちですが、ネガティブ系の宇宙人は、人々を自分たちに従うようコントロールし、恐怖心で支配しようとします。

ネガティブ系宇宙人は地球の歴史にも関与しており、人々が霊的に目覚めないようコントロールし、魂を眠らせた存在としておこうとします。人間たちに自分たちは物質だけの存在だと信じ込ませたほうが、恐怖心でコントロールするには都合がいいからです。

死んだら終わりだと思う人間は、肉体の生こそがすべてだと思い、自分が生きるためには何でもするようになるからです。

肉体を失うことの恐れを利用して、人々を支配するのです。そのため世界には唯物論が広まっています。

唯物論というのは、物だけが存在していて、それ以外の目に見えない精神とか霊とかは一切認めない考えです。科学者などを通じて、こうした唯物論思想を世界に蔓延させました。そして政治的にも唯物論に基づく国家を生み出していきます。

それが共産主義国家と言われるものです。

共産主義国家では唯物論が唱えられ、信仰のあるものが迫害されます。唯物論では、神仏など目に見えないものは存在しないとされるため、信仰を持つ者は迫害されるのです。


そしてもう一つあげるとすれば共産主義では平等を唱えます。すべての人が平等に暮らす社会を実現することが理想だと植え付けます。

これは一見するといいことのように思えますが、実は、支配する側にとって都合のよい考えなのです。もっとも平等な社会とはどんなものかを考えてください。

それは刑務所に収容されている犯罪者たちです。

刑務所では、その人の身分や実績などは関係なく、みんな同じ服、同じ部屋、同じ食事、同じ生活を送ります。極めて平等な社会がそこにはあるのです。

では平等社会の実現を求めている人は、はたしてそこに入りたいでしょうか?

たしかに平等かも知れませんが、そこには自由が無いはずです。これらには支配者がいて、中にいる者には自由は強制的に抑えられています。

人々を力と恐怖心で支配しようとする者にとっては、平等社会の実現というアイディアはとても都合のよいものなのです。

もっとも平等な社会とは、もっとも抑圧され、支配され、自由の無い社会です。

ネガティブ系の宇宙人が地球人類を支配するにおいては、唯物論で平等を唱える共産主義はもっとも好都合なシステムなのです。共産主義の背後には彼らが存在しており、地球を自分たちのものとして支配したいという野望を持っています。

さらに彼らはメディアの権力者や影響力を持つものを知らず知らずのうちに操作して、世の中をコントロールしようとしています。

メディアに携わる本人達は自覚がなくとも、ネガティブ系の宇宙人がウォークインして、気づかれずに思考をコントロールしています。ウォークインというのは、人間の肉体に、宇宙人の魂を潜り込ませて操作することです。

日本の特撮ドラマ『ウルトラマン』にウォークインの描写があります。科学特捜隊のハヤタ隊員の乗る飛行船とM78星雲から飛来した宇宙人のウルトラマンが衝突してしまう事故が起こり、ハヤタ隊員が絶命してしまいます。責任を感じたウルトラマンは、ハヤタ隊員の身体の中に入り、一心同体となって、共に地球の平和のために戦うというものです。『ウルトラマン』の場合はよい宇宙人の例ですが、闇側の宇宙人にも同様に人間の内に入り込む科学技術を持った者がいます。

にわかに信じ難いでしょうが、これらは事実であり、そうした世界の真実をどうか多くの人に知っていただきたいと願います。それが〝彼ら〟の目論見を打ち破ることに繋がるからです。

7 光と闇の宇宙勢力の戦い

先に闇側の宇宙勢力もいること、そして現在、政治やメディアの背後にも暗躍していて、人々をマインドコントロールしている事実を書きました。

人類の歴史の太古から彼らの暗躍はあり、また対抗する光の勢力もありました。

光と闇の戦いは古代から行われていたのです。

シュメール神話などには惑星ニビルから降りてきた神々（宇宙人）が、地上に降り立ち、自分たちの遺伝子と地球にいた猿人との遺伝子を掛け合わせて、人類を創造したという伝承が残っています。そして〝彼ら〟の目的は、自分たちの代わりに重労働をさせるための奴隷として、人類を作りだしたと書かれています。

そのように人々を支配し、奴隷としておくような考えの者たちが、かつて宇宙から地球に降り立った事実をシュメール神話は示しています。

また世界各地の宗教には、空から降りてきた神々に、生《い》け贄《にえ》を捧げるという儀式が多くあります。

空から降りてきた神々（宇宙人）は人々の生け贄を求めていたのです。そうした歴史が世界中に多くあります。

たとえば古代メキシコ地方に栄えたアステカ文明では、神々に捧げる多くの生け贄を必要としました。生け贄の総計は120万人から160万人にものぼったとされています。さまざまな姿をした異形の神に、おもに生け贄の胸を割いて、心臓を取り出して捧げる儀式を行っていました。これらの意味は、かつて地球にきた肉食系のレプティリアン（爬虫類型宇宙人）等の存在が、人類に生け贄を求めてきた出来事がルーツとしてあります。

世界中にあった生け贄の歴史が、闇側の宇宙人の存在を示しています。

その一方で、別な神話には、古代に空から降り立った神々が、人々に文明を教え、互いに愛し合うことを伝え、そして再び空に帰っていったという言い伝えもあります。これは人々を善導してきた宇宙人の存在を示す歴史です。彼らは光側の宇宙人で、地球人を正しく導こうとする愛の思いを持って来た者たちです。

日本神話においても、高天原から神様が天孫降臨されて、日本列島に降りられたとされています。これなども、古代の日本に降りてきた宇宙人を、神話として語り継いでいるのです。にわかに信じられないと思いますが、神話を読み解くと、宇宙の存在を示唆する記述が散見されます。

たとえば、天鳥船（あめのとりふね）や天磐船（あめのいわふね）などの空飛ぶ船があって、それに乗って神様が降りてきたという伝承があります。これなども古代の人が、宇宙人の乗るU

ＦＯをそのように表現したものでしょう。霊的な存在の神様であるならば、わざわざ空を飛ぶために飛行船を必要とするはずはありません。

イザナミが最後に産んだとされる火之迦具土神（ひのかぐつちのかみ）も、その言葉から古代のロケットのように思えますし、思金神（おもいかねのかみ）というのも、考える金属で、コンピュータを古代人がそう名付けたようにも取れます。

このように日本神話にも古代に飛来してきた宇宙人の存在が描かれていると思えるのです。

さらに世界の別な神話では、天空の神々の間で戦いがあったことも記されています。

インドの叙事詩『マハーバーラタ』や『ラーマーヤナ』には古代に起こった戦争が描かれており、そこにはＵＦＯを思わせる空飛ぶ宮殿＝ヴィマナが登場したり、太陽が１万個集まった光り輝く柱という古代の核戦争を思わせるような描写があります。

これらは古代における宇宙勢力同士の戦いを描いたものだと思われるのです。乱暴な手段で地球を乗っ取ろうとする宇宙人と、それを防御する側との戦いもかつてはあったことを示します。

古代において光と闇の戦いがあったように、現代でも人知れず戦いは続いています。

地球人類が霊性を失い、この世だけ、物だけの考え、唯物論に染まっていくなら、それは闇側の勢力が広まっていることを意味します。

地球はいま闇に沈むのか、光へと進むのかの分岐点に来ています。

どの未来へと向かっていくのかの重要なターニングポイントに立っています。

とても重要な時にあることを知っていただけたらと思います。

❽ 全宇宙で起こっている光と闇の対立と地球の歴史

宇宙には大きく分けて二種類の異なったエネルギーが分かれています。

それは光と闇との対立とも言えるものです。

これら光と闇の性質は、おもにエネルギーの二つの違いから来ています。

他者への愛と奉仕のエネルギーを持っているグループを光のグループと言い、他者を畏怖させ支配するエネルギーを持っているグループを闇のグループとして分けます。

宇宙の各地では、この光と闇との戦いが、何十億年も前から、気の遠くなる昔から存在していました。

宇宙のある星域では、この対立によって、消滅した星々もあります。地球のように知的生命体が住み、文明を謳歌してきた星が、闇の侵略を受けて滅びてしまうこともあったのです。宇宙の各地で、そうした事件は起こっていました。そのなかで、闇と戦い、光の勝利をもたらすために活躍する者たちもいます。

一方、力で支配し、破壊をもたらそうとする闇の者たちも暗躍しています。闇のグループは、裏宇宙からの支援を受けて、この表宇宙で活動しています。

それらの対立は、この私たちの住む地球にも伸びており、神々と称される宇宙人の中も、光のグループと闇のグループとに分かれます。

光のグループが、地球に愛のエネルギーをもたらし、人類の進化を助けているのに対し、闇のグループの宇宙人は、人々を恐怖させ、そのエネルギーを力としています。そうして地球で起こる出来事にも、光の部分と闇の部分とができてきたのです。

かつての地球では、光にあふれていた創生の時代がありました。人々が楽園に暮らしていたと記憶する時代です。しかし、地球にも宇宙から闇の勢力の影響があらわれ、次第に造反者も出てきます。そしてみなさんも物語で聞いたことがあるように、かつて天使だった者が堕落し、堕天使となり、闇の勢力に加担するようになっていきます。

これらの出来事から、地球でははっきりと、闇の部分が露わになり、以降は光と闇との対立が激しくなっていきます。それが現在にもつながっていて、地球では人々のために活躍する光の者たちもいれば、混乱や対立、破壊をもたらす闇の者もいて両者が活動する場となっています。

地球人類は、このように光と闇のどちらかに向かうのか、試されているのです。それは他人事ではなく、あなたもこの壮大な宇宙で続く光と闇との対立のドラマの中にいます。

どちらを選択するのか、いま求められているのです。

地球で肉体に宿っていれば、闇の影響も強くなり、そちらへと引きずられてしまう者も多く出ます。物質世界は波動の荒い世界であり、闇側のほうが影響力を行使しやすいからです。

いま起こっているコロナ禍にも、背後に光と闇の戦いはあります。新型コロナは自然発生や偶然に起こったことではなく、何者かが意図して起こしたものなのです。

その背後には、中国の思惑もありますが、闇側宇宙人の存在もあります。彼らが地球に恐怖をばら撒き、人々をそれによって支配下に置こうとする意図があります。実際その通りに、地球では今、人々の自由が制限され、権力者によってコントロールが強化されています。

混乱を深める今、まさに闇のグループは地球を支配しようと目論んでいます。そうならないように、多くの人々が目覚めていなくてはなりません。

これらの出来事は他人事ではなく、みなさんもまさに当事者なのです。宇宙で起こっている光と闇との戦いは、いまコロナの問題で揺れる地球にも、大きく影響しています。

人類がまさに光側につくのか、闇側につくのかが振り分けられる時代なのです。

いま人類がどちらにつくのかが試されています。

あなたもどちらにつくのかを選択しないといけません。

そうした大きな選択の時期に、人類は立っています。

❾ オリオン大戦の真実　光と闇の統合？

オリオン大戦について皆さんにお伝えしておきたいと思います。おそらく多くの方には、信じられない話となるでしょう。一つの物語として聞いていただければと思います。

宇宙の根源から離れた意識は、光と闇とに分かれていきます。そのうちの闇の意識エネルギー体たちは、オリオン方面において『オリオン帝国』を造りました。そこでは徹底した支配のもとに、多くの意識体を捕らえ、逃れられないようにしました。アストラル体をコントロールし、死してさえも逃れられないようにします。

こうした闇側の支配に対抗するために、光側が立ち向かい、光と闇との戦いが繰り広げられます。光側と闇側では、あまりに性質が異なっていたため、その対立は激しく、いくつもの惑星を巻き込んだ巨大な戦争に突入しました。

これをオリオン大戦と言います。

争いは激しさを増し、惑星をも破壊するような悲劇が起こります。

そうしてオリオン大戦でテーマとなった光と闇の対立は、地球へと持ち越されることとなります。オリオンの意識体は、次の転生先として地球を選び、人類として生まれ変わってきました。

地球人類はその後も争いを繰り返し、その背後には光と闇の対立がありました。

こうした宇宙の歴史は、一部のスピリチュアル界隈で知られています。

私もここまでは概ね合っていると思います。しかし、広まっている話には違った情報も混ざってきます。

宇宙で光と闇の戦いが長く続いたために、「やがて両者に偏らない、統合した意識が生まれた」と言います。統合の意識は、光の側にも、正義の戦いと言いながら正義の仮面を被った怒りの感情が秘められており、その戦いのエネルギーが火に油を注ぐ結果になってきたと指摘します。

このように光と闇の選択ではなく、「二極の対立は低次のものである」とか、「もう対立を超えて統合に進まなくてはならない」と話が進みます。

ここに、巧妙な闇側の偽メッセージが入っています。

たしかに平和のためにとか、抑圧からの解放を謳って戦う者の中に、その内面に怒りの感情に突き動かされ、正義の仮面を被っているものは多くいるでしょう。

しかし、それは光の側面ではありません。実際には光の仮面を被った闇なのです。

たとえばアメリカの大統領だったエイブラハム・リンカーンは、黒人奴隷解放のために南部の連合国と戦いました。この戦いによって、アメリカ人は北部と南部とに分断され、同じアメリカ人同士が戦い合い、多くの死傷者を出しました。

彼の決断によって、米国内は分断され、戦争が起こり、アメリカは二つに分裂して戦い、互いに憎しみあうことになったのです。

しかし、リンカーンは怒りの感情に動かされたわけでもなく、正義の仮面を被っていた偽善者だったわけでもありません。

光として生き、闇と戦い、世の中に光を広める使命を果たした魂でした。

実は、このリンカーンこそ、オリオン大戦にて、光側のリーダーとして働いた、偉大なる魂だったのです。

光と闇の統合を訴えているのは、実は闇側の策略であり、自分たちに光が立ち向かわないように仕向け、そして「光が正義の仮面を被る間違った者たちである」と思わせようとしているのです。この光と闇の統合という話も、こうした情報が広まることによって得をするのは闇側であり、彼らはそれで糾弾されなくなり、逆に光側を対立の意識に縛られた低次な者たちと思わせます。

コップ一杯分の綺麗な水と、同量の汚水の二つを混ぜたらどうなるか想像してみてください。そこには統合された素晴らしいものが生まれるのではなく、コップ二杯分の汚水ができ上がるだけなのです。光と闇の統合というのも、両者が一まとめにされたなら、光が闇に飲み込まれ、巨大な闇だけができることになるのです。

分かりやすく身近な例でお話ししましょう。

小学校でイジメがあったとします。力の強い闇男くんが、気弱なA子さんをイジメていたとしましょう。そこに正義感の強い光男くんがやってきて、イジメている闇男くんを止めます。その現場に統合さんという先生がやってきます。統合先生は、闇男と光男を止めに入ります。光男が「闇男がA子さんをイジメていた」と言っても、統合先生は、「あなたの中にも怒りがあったのでしょう。それが対立に火を注いでいるのです。正義の仮面を被っているだけではないですか？」と光男のことをいさめます。そして「二人仲良くして、握手をして終わりましょう」と言います。

このような事態になるとどうなるでしょうか？

結局、闇側は咎められず、悪事を働いても放任されることになります。そして光側は責められて、闇のしていることを止めてはならないことになります。

今後その学校では、生徒によるイジメや犯罪が横行することは間違いないでしょう。実際に、日本の教育現場ではそうした問題が見て取れます。

全国の学校に統合先生がたくさんいて、イジメがあったとしても、加害者の生徒を止めるのではなく、「被害者側にも問題があったのではないか」と言い出します。そして問題を訴え、指摘した生徒は、学校の和を乱し、在校生に迷惑をかけた者として責められます。

そのため、日本では学校のイジメが横行しているのです。

日本においては光と闇を分ける判断が弱く、「そうしたことは対立を生んでしまうのだ。低次のものなのだ」といって判断を下せないため、悪を増長させてしまっているのです。

世界には光と闇が存在し、善と悪との対立があります。

このように二元があって、その対立が出てきます。

そもそもなぜ、そのような二元の世界になっているのでしょうか？

それは二元の中で、人々が何を選び、何を選ばないのか選択の自由が与えられ、さらにそれによって知恵を獲得していけるシステムとなっているからなのです。

どちらかを選ぶという選択がなければ、私たちには自由も存在しません。必ず一つのものを選ばなくてはならないなら、自由はないのです。

そのため、本質ではないものを選ぶ自由というものも、私たちは神仏により与えられています。ロボットのように、プログラムされたこと以外はできないのではなく、人間は自分で考えて、自由に選択できます。

そのため光ではなく闇を選ぶこともあるのですが、闇をくぐっても、反省を通じてまた軌道修正できるようになっています。

一度間違えたら、もうそれで終わりなら大変ですが、私たちには何度も選択の機会を与えられています。その度に、正しい選択を自ら選び取るか期待されています。

このように光と闇の二元があるがゆえに、私たちには自由があり、それはとても偉大なことであり幸せでもあります。

もちろん、自由には責任が生じますので、選択した結果は、報いを受けなくてはなりません。悪いことをすれば相応の悪い結果を得ますし、よいことをすればよい結果が得られます。こうして因果の理法と繋がっています。

因果の理法というのは、原因があれば結果あり、種を撒けば実をならすというものです。選択の自由があるがゆえに、私たちにはその選択についての責任が生じます。それが因果となって現れるということです。

仏教の開祖であるお釈迦様はそのことを説いたわけです。

そして間違った選択をした時には、軌道修正するための方法として八正道《はっしょうどう》というのを説かれました。八正道というのは、八つの点検項目で自らを反省していくということです。そうして善を取り悪を除く、光を選び闇を避けるようにしていきます。

このように修行というのは二元の中で善と光の道を選び、悪と闇を避けるということなのです。

もしも善と悪、光と闇の二元を否定したらどうなるでしょうか？

そこには正しさの探求も無く、悪が栄え、善が駆逐される世界が展開します。

人間というのは努力しなければ光に進んでいくことはないのです。そのまま何もしなければ、自然に堕落していく方向に進んでしまいます。

頑張って勉強するよりも、ゲームや享楽に時間を使うほうが楽でしょう。他人のために何かをするよりも、自分のことばかり考えているほうが楽なのです。

そのように意識して光を選び、闇を避けようとしなければ、人は易きに付き、堕落の道を進みます。道でも上り坂は苦しいですが、下っていくのは楽でしょう。

ほうっておけば人間は堕落の道を下っていきますので、光を選択する努力をして、道を正さなくてはならないのです。

そして善と悪、光と闇の二元の中で、人は知恵を獲得していきます。

世界が二元の中にあるというのは、人間にとって学びとなり、無限に成長していくシステムなのです。そのようにして私たちの魂は進化向上を続けていけます。

⑩ 地球の未来と、光と闇の最終決戦

これからの地球は自浄作用が働いていきます。それは厳しさを伴ったものとなっていく恐れが高いですが、それによって地球は生まれ変わり、汚れが払拭されていきます。

大宇宙で発生した光と闇の決戦は、ここ地球でも行われています。今からそのピークを迎えます。今までの人類史の背後でも、光と闇の戦いは続いていましたが、その一つの頂点がこれから起こります。

数々の星雲を巻き込み、いくつもの星々が消え去る事件も起こりました。何十億年もの昔から、

宇宙の別な場所では、光と闇の戦いが繰り広げられていたのです。

暗黒星雲と呼ばれている場所は、太古の戦いにおいて、星々が消滅してしまった場所です。もっとも有名なものは、オリオン座にある馬頭星雲です。地球から見ると、馬の頭のように見えることから、馬頭星雲と名付けられています。

実はこの場所も、かつてのオリオン大戦において、消滅してしまった星々の名残なのです。

かつてはこの星域にも、知的生命体の住む星があり、人類と同じような文明を築いていました。しかし、ある時、地球時間では何億年も昔のことですが、闇側宇宙人による反物質爆弾によって、滅ぼされてしまいました。

物質には、通常の私たちの宇宙を構成している物質と、それと対になるような反物質とがあります。この物質と反物質が衝突すると、対消滅を起こし、膨大なエネルギーを発して消滅してしまいます。

それは現代の人類が持つ核兵器よりもはるかに巨大で恐ろしいエネルギーを発します。この反物質爆弾を用いると、星まで消滅させてしまうことが可能です。

そうしてかつてオリオン大戦において、この反物質爆弾が使われ、その名残が暗黒星雲となっています。

そのようにいくつも宇宙で戦いが起こり、破壊と侵略を繰り返す闇側の宇宙人に対抗すべく、光側が立ち向かっていきました。

もともと光側の戦士であっても、心が闇にまみれたら、いつしか闇側に転落していくことも多くあります。いつしか闇の手先になっている者たちも出てきます。

この地球においても、今、宇宙の闇側が大きな力を加えて、暗黒の惑星にしようと狙っています。地球に起こるカルマの崩壊現象を使って、さらなる破壊を求め、あわよくば地球の支配権を握り、地球を自分たちの植民地兼人間牧場のように変えようと狙っています。

そうなれば地球そのものが地獄の惑星と化してしまうでしょう。

そうならないように、光側の力も働き、地球を生まれ変わらせて、輝く星へと進化させたいと考えています。そのために私たちへの支援も陰ながら行われています。


これから人類が光側と闇側に分かれて、最終決戦が行われようとしています。

それは兵器を使った戦いではなく、人々の心の中で行われることです。

人を支配したいという欲望や、肉体的な諸欲に従って、自我を強めていく生き方が闇側に通じます。彼らは自分たちの欲のままに生き、それと同調する人間を虜とするのです。

そして人々への愛と奉仕に生き、物質欲よりも精神性を求め、真理を探究するものは、光へと向かいます。ただ、光側の者であっても、慢心するとすぐに転落し、闇側に落ちてしまうことも多々あります。

みなさもまた、この時代において、光と闇のどちらを選択するのか問われているのです。みなさまが闇側の見せる幻を払いのけ、真実を見つめ、光と共にあることを願います。巧妙な闇の手口に惑わされず、真実の世界を見つけてください。

私たちはこの世だけの命ではなく、心として生き続けます。ですから精神が毒されないか、闇に染まってしまわないかが重要です。人のために生き、世の中に少しでも貢献する生き方を願い、少しでも光を灯していくことが、私たちに求められています。

どれだけ光側の人が増え、闇側に染まってしまう人が減るかによって、地球の未来は大きく変わります。地球の未来を担っているのは、私たちなのです。

そして地球の未来は同時に、宇宙全体の問題でもあります。地球での光と闇の戦いは、宇宙での趨勢にも影響していきます。

単に地球だけの問題ではなく、宇宙まで大きくかかわっているのです。

そのことをどうか知っていただきたいと思います。

この時代に生きるすべての人に、光と共にあることを祈ります。

第5章

黙示録の時代と大いなる福音

❶ ヨハネの黙示録とは？
現代は黙示録の封印が解かれる時代

コロナワクチンと悪魔の契約

ヨハネの黙示録は、約2000年前に書かれた書物で、新約聖書の最後に収められています。黙示録というのは、黙して記録するという意味で、見たことを黙って書き示したものくらいの意味です。

初期キリスト教徒だったヨハネという人物が、パトモスという島にいた時に幻を見て、この世の終末と最後の審判、そして救世主の降臨と神の国の到来を書き記したものとなっています。

この章ではヨハネの黙示録について取り上げてみたいと思います。なぜかというと、今の時代がまさに、黙示録に予言されていた時代に入っているからです。

たとえば、ヨハネの黙示録にはこういった記述があります。

「また、小さき者にも、大いなる者にも、富める者にも、貧しき者にも、自由人にも、奴隷にも、すべての人々に、その右の手あるいは額に刻印を押させ、この刻印のない者はみな、物を買うこ

間をさすものである。そして、その数字は６６６である。」人である。ここに、知恵が必要である。思慮のある者は、獣の数字を解くがよい。その数字とは、人とも売ることもできないようにした。この刻印は、その獣の名、または、その名の数字のことで

（ヨハネの黙示録13：16－18）

これは終末の世に、厳しい管理社会が到来することを告げた預言です。

すべての人に刻印を押させ、その印が無い者には、物を売ることも買うこともできないようにしたといいます。

現在の世界情勢を見ていると、新型コロナパンデミックを機に、急速に聖書で予言されていたような監視社会が到来しつつあります。ワクチンを打たなければ、外出もできず、お店に入ることもできなくなり、物を売ることも買うこともできない事態が発生した国もあります。

このワクチンパスポートによる監視社会をより強固なものにしていこうとする動きがあります。

それが欧米の推奨する、ＷＨＯのパンデミック条約です。

その話の前に、みなさんにひとつ紹介したいお話があります。

テレビ朝日系列で『仮面ライダーリバイス』という特撮番組が放送されていました。同番組の第36話「岐路に立つ人類、それぞれの決意」は、非常に意味深な内容となっています。

仮面ライダーリバイスの大まかな内容は――、中南米の遺跡から謎のスタンプとミイラが見つかります。発見されたスタンプは、それを押すと、誰の心の中にも潜んでいる悪魔と契約するというものでした。一方のミイラは「ギフ」と呼ばれ、悪の組織であるデットマンズは、そのギフを復活させるべく、人間を襲って生け贄にしようと企んでいます。

第36話では、崇拝組織デッドマンズに対抗すべく結成された、政府直属の武装組織フェニックスから「戦略的人類退化政策」が国民に発表されます。それは、国民全員が「悪魔を取り除く」ため、スタンプの押印を義務化するというもの。それを「ギフ」への服従、忠誠の証として押すことで、人類の滅亡を防ぐというものです。

このスタンプが押されていなければ、安全特区へ入居することもできません。

番組内で映されたスタンプを押す会場の様子を見ると、今現実となっているワクチン接種会場そのもののようです。

実は、このスタンプというのは、「悪魔を取り除くため」と称していますが、本当は悪魔と契約を交わし、悪魔が憑りつくための印だったのです。

国民はそうとは知らずに、悪魔を除けると思ってスタンプを押します。

これはまさに現代の新型コロナワクチンを示唆しているように思えました。私が以前にワクチンについて見た夢では、打った者はみな、鬼と化してしまうという怖いものでした。この特撮の話とも通じるものを感じます。

しかもこの後に登場する悪魔が〝ベイル〟と言いました。

ベイルという言葉からは、悪魔ベルゼブブやバアルを想起させます。ベルゼブブはイエスを試みた悪魔として聖書にも登場しますし、バアルというのは生け贄を求める悪魔です。

ベルゼブブとバアルは別な悪魔と思われていますが、実際には同じ悪魔であり、実在します。この悪魔は、かつて貿易で栄えたフェニキアで、豊かさをもたらすバアル神として信仰されていました。そしてフェニキアでは、人々はバアル神に、自分らの子供を生け贄として捧げていたのです。バアル神に捧げる生け贄として、わが子を火に投下しました。

これは現代にも通じます。

新型コロナは子供たちが重症化するのはまれであるのに、どんどん低年齢にまでワクチン接種が進められています。そうして心筋炎などで亡くなる子供の数が急増しています。

これはまさに大人のために子供を犠牲にする儀式であると見えるのです。

大人にうつしたら困るという理由で、子供たちにとって必要のないワクチン接種をさせ、生け贄にされています。それが世界規模で起こっているのです。

狂気の沙汰としか思えませんが、政府やマスコミの言うことを信じて、多くの人々が何の疑いもなく、わが子にもワクチンを打たせています。

これは現代のバアル信仰の復活であり、聖書に予言された終末の時の獣の刻印ではないかと感じさせるものです。

獣の数字と刻印

日本では2022年6月1日から犬や猫などのペットに、マイクロチップを埋め込むことが義務化されました。体内に埋め込まれたマイクロチップによって個体が識別でき、その他さまざまな情報を入力することもできるようになります。

今はペットのみとなっていますが、これが拡大され、やがては人間にも埋め込まれていくでしょう。

まずは動物たちに入れて、人々を慣らせた後に、次は徘徊されたりするご高齢の方や、再犯の恐れのある者たちへのマイクロチップの埋め込みが行われるでしょう。そして最後には全人類に行われる未来が待っているかもしれません。

そうなると街中に設置されたチップを読み取る装置によって、人々はすべての行動を監視され、政府に反するものはすぐに捕まり、自由は奪われていくでしょう。

前述の「WHOのパンデミック条約」が今、欧米が推奨して進められようとしています。

これはパンデミックに際して、国の権限を越えて、WHOが大きな権限を持ち、命令したり支持を出したりできるものです。

具体的には、バーコードやＱＲコードなどを使って、人々のデータを一元管理し、たとえばワクチンを打っていない人は、渡航の制限をしたり、お店の入店制限に使われる恐れがあります。そして国家を超えて、人類は一元管理され、政策に異を唱えるものは弾圧され、強制的に従わされる世界になります。そのような危険性がいま迫っているということです。

ちなみに、みなさんの身近にある商品のほとんどにバーコードが印字されているはずです。そのバーコードの下に数字が刻印されていますが、一番右と一番左と真ん中にあるバーコードには、数字が記されていません。

みなさんの身近にある何でもよいので品物を見てください。一番右と一番左と中央のバーコードは、下まで伸びていて数字が無いのが分かるでしょう。

実はこのコードは数字の〝６〟を表すコードで、三つを合わせると〝６６６〟になります。

この節の一番初めに紹介した聖書の黙示録にある獣の数字を思い出してください。

それは〝６６６〟であると言われています。

私たちは知らず知らずのうちに、獣の数字である６６６に囲まれて暮らしています。そして今後はさらにバーコード（あるいはＱＲコード）が人々に割り当てられ、それによって管理される社会になりつつあります。

聖書に記された終末の預言が徐々に迫ってきています。

そしてヨハネの黙示録を読むと、人類が終末を迎えようとする時、日本が重要な役割を果たすことが読み取れます。日本の国が、あるいは日本から現れた救世の光によって、世界は正しい道へと導かれていくのです。

ですから、キリスト教に自分は関係がないと思っている多くの日本人にも、黙示録は重要な書となっていますので、ぜひ知っていていただきたいと思います。

予言された監視社会の到来『1984』

コロナ禍に端を発して、世界では政府によって人々の行動が制限され、自由が取り上げられようとしています。人々を監視し、奴隷化していくような社会主義の世の中に向かいつつあります。

さらにワクチン・パスポートが広まり、それとマイナンバー制度が紐づけられるようになると、国民の行動を政府が監視し、政府にとって望ましくないものに対しては、不利益がもたらされるような世の中となっていきます。

いま世界が監視社会に進んでいるように見えます。

これはすでに中国で現実化しつつあり、約2億台の監視カメラが中国全土の街中に設置され、AIによってカメラに映った人物が誰なのか瞬時に見分け、その人の行動が追えるようになっています。これによって政府に反抗的な人物や、危険とみなされた者は監視され、逐一見張られているような状況です。

ジョージ・オーウェルの小説『１９８４年』がそのまま現実となったような国が誕生しました。イギリスの作家ジョージ・オーウェルの小説『１９８４年』という未来社会を描いた物語は、冷戦下の英米で爆発的人気となり、多くの人に読まれました。

この小説は未来におけるユートピアとは正反対のディストピア（反ユートピア）社会を描いたもので、全体主義によって支配された恐怖の未来社会を描写しています。

１９４９年に出版された小説ですが、そこにはテレスクリーンという、テレビと監視カメラを合わせたような装置が登場し、国民の行動がすべて政府によって監視される社会が登場します。政府に反感を持つ人間は捕まって拷問を受け、「正統」な人間に洗脳されて出ていきます。

作家のアントニー・バージェスの小説『時計じかけのオレンジ』は、有名なスタンリー・キューブリック監督が映画化していますが、同作は『１９８４年』の影響を受けて創られていると言われています。

またテリー・ギリアム監督の映画『未来世紀ブラジル』も、この『１９８４年』に触発されて創られたものだそうです。

そのように後世にもさまざまな影響を与えた小説です。

しかし『１９８４年』は単なる小説ではなく、未来社会を予言した書物ともなっています。

現在の中国で『１９８４年』は現実のものとなっています。

中国ではすでに約2億台の監視カメラが街頭に設置されていると言われています。

これらの監視カメラがネットワークでつながる「天網工程」というプロジェクトも進み、国中で国民の動きが監視されます。監視カメラに顔が映ることで、AIが自動認識し、それが誰であるか、誰が今どこにいるのか特定するのです。

これによって犯罪を抑制するということもあるでしょう。犯罪を行おうとしても、カメラに写され、すぐに特定されてしまうため、犯罪が減るという考えです。

たしかにそうした面もあり、強制的に善人にさせる力もありますが、政府に反抗した者もすぐに捕まってしまう社会にもなります。

香港などでデモ活動が活発となった時がありました。しかし顔認証によって、誰がデモに参加したかなどのデータが残り、後になって捕まるなど不利益を被るようになります。

今はまだマスクをしていると認識できずに、死角となる部分も多くありますが、将来的には、どこにいても監視され、マスクの下の顔まで認識される時代がくるでしょう。

そうなると誰も国内で中国共産党に逆らえる者はいなくなり、国民はみんな洗脳されて政府を称賛するしかなくなります。

中国は新疆ウイグル自治区で、ウイグル人を監視するためのシステムを構築しています。

ウイグル自治区では、人々は監視カメラで行動が見張られ、不信な動きをしていると思われたら拘束され、強制収容所に入れられます。監視カメラの映像だけでなく、携帯電話やSNSのやり取りなども情報収集されています。そしてテロ対策の名目で、顔認証システムを使って特定の人物を抽出するわけです。

「職業教育訓練センター」と称する強制収容所に入れられたウイグル人は、信仰を棄教させられ、中国共産党と指導者を称賛するように洗脳されます。まさにオーウェルが『１９８４年』で描いた未来社会が中国で現実となっています。恐るべきディストピア社会が中国に誕生しているのです。

さらに中国政府は電子通貨（デジタル人民元）の発行を推進しています。デジタル通貨によって、国民が何を売買しているのかも、政府が監視できるようになります。

コロナ禍のなかで中国は、個人のコロナ感染の危険度を判定して、そのデータはスマホをかざすと読み取れて、公共施設などに入る時には、スマホをかざして一定基準をクリアしている安全な者だけが利用できるようにしていました。

このようにコロナを契機として、世界的な統制社会、監視社会が強化されつつあります。

日本でもコロナ禍に乗じて、マイナンバー制度を推し進めようとしています。

マイナンバーというのは、国民一人ひとりに固有の番号をあてて、社会保障や税などで一人の人間に対して行政機関の間で情報を共有しあおうとするものです。

その導入のメリットとしては行政の効率化がなされて、国民にもサービスの向上となるということですが、マイナンバー制度には、個人の資産などがすべて国に把握されて、管理が強化されるというところもあります。

これには、脱税など悪いことをしている人を発見しやすいという点があるでしょう。一方、悪い点としては、国民への管理や支配が強くなって、社会主義化していき、お金持ちなどが国に資産を収奪されるようになっていくでしょう。

つまり、かつての共産主義国家のように、国が大きな力を持って国民の自由を押さえ込んで、平均的な社会にするよう、強制力を持って進んでいきやすくなります。

努力して成功しても、国に目を付けられて資産を没収されるなら、働かずに保護を受けて生きる怠け者が増えていきますので、結果的に国が貧しくなっていきます。

おそらくマイナンバー制度が拡大されていくと、そのように国家が大きな権力で国民を抑圧する社会へと向かっていくものと思います。

予告されていたパンデミック

今回の新型コロナのパンデミックについて、２０１０年の段階で、不気味なほど今の状況を予測したレポートが出されています。

それがロックフェラー財団による「未来の技術と国際的発展に関するシナリオ（Scenarios for

the Future of Technology and International Development)」というものです。

このなかでは、近未来に起こる出来事が予測されているのですが、その一つにウイルスによるパンデミックの発生が予想されています。

さらにレポートでは、世界では政府が国民を監視し、管理する社会の到来が予見され、その引き金を引くとされるのが当のパンデミックなのです。

レポートには以下のような予想が書かれています。

「2012年、世界が予期していたパンデミックがついに発生した。（中略）恐ろしく感染力が強く破壊的だ。ウイルスが世界的に拡散し、7カ月で世界人口の20％が感染して800万人が死亡した」

さらにパンデミックは世界経済にも甚大な被害をもたらすと述べます。

「人と物の国際的な移動は完全に停止した。観光業や製造業は衰弱し、国際的なサプライチェーンが寸断された。いつもは賑やかな店やオフィスビルは従業員も客もなく、何カ月も空っぽの状態だ」

まさに世界で起こった出来事が見事に予測されています。

さらに、中国に関しては次のように述べています。

「しかしながら、特に中国など他の国よりも対応がうまかった国もあった。中国政府は全国民への強制検査や強制隔離を実施。国境を即座に完全閉鎖したことでウイルスの拡散をどの国よりも

素早く止め、何百万人もの人々の命が救われた。そしてパンデミック後の急速な回復を実現した」

そうして世界は全体主義的な監視社会に進んでいきます。

「パンデミックのさなか、世界の国々の政治指導者は権力を使い、スーパーや駅などの公共の空間に入るときにはマスクの着用を義務付け、体温を計るというような厳しい規制とルールを導入した。パンデミックが去った後も、国民を監視しコントロールするシステムはそのまま残り、さらに強化された。パンデミックや国際的テロリズム、そして環境危機や増加する貧困などのグローバルな問題から自らを守るために、世界の国々の政治指導者は強力な権力を手に入れた」

読めば分かるように、すでに多くの国で起こっている状況が述べられています。

これは、はたして予測だったのでしょうか？

それとも裏で計画された出来事だったのでしょうか……。

さらに気になるものがあるので紹介します。

ヨハネの黙示録には終末の世に現れる監視社会とコロナ禍の現在が奇妙に一致していることを述べました。今回の新型コロナワクチンについては、黙示録に出てくる獣の刻印ではないかと考えられるふしがあります。

その真偽のほどは定かではありませんが、気になる描写が黙示録にはあります。

「そして、第一の者が出て行って、その鉢を地に傾けた。すると、獣の刻印を持つ人々と、その像を拝む人々とのからだに、ひどい悪性のでき物ができた」（ヨハネの黙示録16章2節）

これははたしてワクチンを打つ人々の身体に、やがて起こる出来事を予言しているのでしょうか？

いま日本でもワクチン接種後に帯状疱疹に罹る方が多く出ています。そのため帯状疱疹のワクチンを打とうというＣＭまで流れています。

はたして日本での帯状疱疹患者の増加は、新型コロナワクチンと無縁でしょうか？

高知大学の佐野栄紀特任教授によって、ワクチン接種後に帯状疱疹になった患者の皮疹部からスパイク蛋白質が発見されています。これはワクチンの副反応にスパイク蛋白質が関与している可能性を示唆するものです。

そもそも帯状疱疹のウイルスは、子供の頃に罹る水疱瘡と同じウイルスであり、症状は引いても、ウイルスそのものは体内にずっと潜伏し続けると言われています。そしてストレスなどで免疫力が低下すると、このウイルスが再活性化してきて、大人に帯状疱疹を引き起こします。症状としては痛みを伴う水疱を発生させます。

免疫力の低下によって感染症に罹りやすくなるケースが考えられますが、さらに癌の発生や進行を早めてしまう恐れもあります。実際にワクチン接種によって癌細胞の発生や悪性化が進むと警告する学者もいます。

上記の「獣の刻印を持つ人々」に「ひどい悪性のでき物ができた」というのは、これらのことを示しているのかも知れません。

獣の刻印を持つものだけに、固有の悪性のでき物（癌等）ができるというのは、その印というのが、ただの印をつけるだけでは起こりえないと思います。何か毒を塗るなり、注射器で毒物を注入するしか、黙示録に記されたような出来事は起こらないのではないでしょうか？

そう考えるとやはり、新型コロナワクチンの接種こそが、人類にもたらされたヨハネの黙示録の獣の刻印なのではないかと思われるのです。

このように黙示録は、コロナ禍の起こった現代をまさに書き記しているのではないかと思えるのです。

さらに、これから具体的に黙示録の中身に入っていきます。

恐ろしい描写もありますが、人類への希望も含まれる内容でもある、とまずはお伝えしておきます。

❷ ヨハネの黙示録の恐るべき内容

終末の世の現代と黙示録のヨハネ

中国武漢から発した新型コロナウイルスのパンデミック、サバクトビバッタによる多くの国での蝗害《こうがい》、インドやパキスタンでの洪水や、中国と米国、欧州を襲った大干ばつ。さまざまな災害が人類を襲う今、まるで終末現象が起こっているかのようです。

それは黙示録にも記された、人類への大災害が現実となっているかのようにも見えます。私たちにとって黙示録は他人事ではなく、今まさに起こっている切実な内容なのです。

これからショッキングな内容もありますが、黙示録で記された人類の危機について紹介していきたいと思います。

まず黙示録の作者のヨハネについて簡単に述べておきます。

新約聖書にはヨハネと呼ばれる人物が複数登場します。まずはバプテスマのヨハネと呼ばれる人物です。イエスより先に活動しており、イエスにも水で洗礼を施した者として描かれています。

当時のユダヤの地を支配していたヘロデ王を糾弾し、そのため首を切られて殺害されています。イエスによれば、バプテスマのヨハネは古代の預言者エリアの再来とも言われています。

さらにイエスの十二使徒にヨハネという人物がいます。イエスの身近にいた弟子のヨハネで、最初にイエスに従った使徒だと言われています。

またキリスト教の聖書には、イエスの生涯や言行を書き記した四つの福音書が残されていますが、その中に『ヨハネの福音書』というものがあります。この『ヨハネの福音書』を書いたヨハネを、使徒ヨハネと同一視する説もあれば、別人だと考える説もあります。

そして今回取り上げる『ヨハネの黙示録』を書き記したヨハネという人物がいることになります。

計4人のヨハネが登場するわけですが、バプテスマのヨハネ以外の人物を、すべて同一人物だとする説もあれば、別人だとする説もあります。

黙示録はヨハネがパトモスという島にいた時に、おそらく紀元95年頃に書かれたのではないかと言われています。時のローマはキリスト教への迫害を強めていたため、作者ヨハネもその迫害に苦しんでいた信徒だったと思われます。

ちなみに黙示録はヨハネの創作というより、見せられたビジョンをそのまま描いているのですが、当時の人物であるヨハネにとっては、意味の分からない映像もあったでしょう。馬や蝗《バッタ》や奇妙な動物の姿を見たとして書かれているものは、現代の戦車やウイルス、ロケットや人工衛星のことであったかもしれません。2000年近く前のヨハネにとっては、それが奇妙な生き物として見えたのでしょう。

そのように時代による制限によって、黙示録は難解な書物となっている部分があります。

またヨハネは初期キリスト教徒で、激しい迫害の中に生きた人物であるので、彼の潜在意識の中には、「自分たち正しき者が迫害される世の中は間違っている。神による裁きが下されるべきだ」という考えや「自分の信じるキリスト教のみが正しく、異教徒は裁かれるべきだ」という偏狭な考えもあったと思います。

そのため、ヨハネの記した黙示録には正確でないところもあると思います。一部は割り引いて読まなくてはなりませんが、ヨハネが見たビジョンというのは、今の時代に人類に起こることを、その未来を垣間見て描いたものだと言えます。

どうしても当時の時代の制約や、地上に生きていた時の考え方によって、見える像が歪んで見えることがあることは知っておいてください。

これから黙示録の内容を紹介しつつ、それを解釈していきますが、その解説は単に知識で判断するものではなく、霊的なインスピレーションを受けて紐解いていきます。

そのため従来の解説とはだいぶ違ったものになるかもしれませんが、現代にヨハネの黙示録の霊的な封印を解くためのものとなります。

終末の時に主の降臨が起こる

それではヨハネの黙示録の内容について紹介したいと思います。

「イエス・キリストの黙示。この黙示は、神が、すぐにも起こるべきことをそのしもべたちに示すためキリストに与え、そして、キリストが、御使をつかわして、しもべヨハネに伝えられたものである」という言葉から黙示録は始まります。

そして初めのほうに、降臨の主を表現したと思われる以下のような言葉があります。

「見よ、彼は、雲に乗ってこられる。すべての人の目、ことに、彼を刺しとおした者たちは、彼を仰ぎ見るであろう。また地上の諸族はみな、彼のゆえに胸を打って嘆くであろう。しかり、アァメン。

今いまし、昔いまし、やがてきたるべき者、全能者にして主なる神が仰せになる、『わたしはアルパであり、オメガである』」

上記は、終末の時に主が降臨し、人々の前に現れることを予言した言葉です。

一般の解釈では、イエスの降臨がなされると考えますが、そうではなくイエスが「わが父」と呼ばれた方が降臨される予言だと思います。「彼を刺しとおした者たち」という言葉は、十字架にかかられたイエスのことを指しているようにも見えますが、これは降臨する主が、多くの人に誹謗中傷されるとも取れます。降臨するが受け入れられず、人々から迫害されます。

アルパ（アルファ）でありオメガであるというのは、ギリシャ語の最初と最後の文字ＡとΩのことで、最初で最後のものであるという意味が込められています。

日本には『古事記』や『日本書紀』より前に記された神代の歌と言われる、あわのうた（あわの歌）というものがあります。その歌詞ではアから始まり、ワで終わる神歌が残されています。つまりアから始まりワで終わるという最初と最後の言葉を繋げて歌の名前になっています。アワからは日本の二つの地名が浮かびます。それが安房（アワ）である千葉県南部と、阿波（アワ）の徳島県です。この点についてはまた後述します。

再臨の主の印

その後、ヨハネの前に、「七つの教会にメッセージを送るように」と伝える方が現れ、その姿が描写されるのですが、その姿はイエスとは思えないようなものとなっています。

「そこでわたしは、わたしに呼びかけたその声を見ようとしてふりむいた。ふりむくと、七つの金の燭台が目についた。

それらの燭台の間に、足までたれた上着を着、胸に金の帯をしめている人の子のような者がい

た。

そのかしらと髪の毛とは、雪のように白い羊毛に似て真白であり、目は燃える炎のようであった。その足は、炉で精錬されて光り輝く真鍮のようであり、声は大水のとどろきのようであった。その右手に七つの星を持ち、口からは、鋭いもろ刃のつるぎがつき出ており、顔は、強く照り輝く太陽のようであった。

わたしは彼を見たとき、その足もとに倒れて死人のようになった。すると、彼は右手をわたしの上において言った、『恐れるな。わたしは初めであり、終わりであり、また、生きている者である。わたしは死んだことはあるが、見よ、世々限りなく生きている者である。そして、死と黄泉とのかぎを持っている』」


このようにイエスの姿とは思えない描写であり、それはイエスではなくその父である主と呼ばれる存在なのではないかと考えられます。

黙示録では続いて七つの教会へのメッセージが語られますが、ここでは省略します。

この中の七つの燭台とは、七つの教会のことを示しているように、ビジョンには事実そのままを垣間見るだけでなく、象徴的に表現した形で見せられることがあります。

私が見たビジョンも象徴的なもので、解釈すればこのような意味だったというものを取り上げています。それを読まれても、未来のビジョンは象徴的なもので表されることがあるのが分かるでしょう。

さらに冒頭には七つの金の燭台や、七つの教会、七つの星など、七という数字が頻繁に出てきます。これはのちに獣の数字として666が示されているように、降臨の主の印として777がキーワードとなることを示しています。この件はまた後に述べたいと思います。

「わたしは死んだことはあるが、見よ、世々限りなく生きている者である。」と語られますが、これは生まれ変わりを意味する言葉です。

かつて死んだことはあるという言葉の意味は、かつてこの世に生まれ、そして死んだ経験のある方が、また生まれ変わることを意味します。再臨の主というのは、かつて肉体に宿って生まれて来て、そして死を経験したことのある存在であることが語られています。つまりこの世に再臨されるという意味です。

通常ですと、キリスト教では生まれ変わりを否定していますが、聖書に残されているイエスの言葉のなかにも、先に紹介したバプテスマのヨハネのことを、かつての預言者であるエリアの再来、つまり生まれ変わりであると説明している箇所もあります。イエスは輪廻転生を信じていましたが、後の教会はこの霊的真実を否定してきたのです。

そして黄泉の鍵を握っているとは、エジプト神話で言えばオシリス神を想起させます。オシリスは黄泉の国の主であり、死者を裁くものとされているからです。

エジプト神話でオシリスは、トート神の手助けを受けながら、人々に小麦の栽培法やパンの作り方などを教え、法律を作って広めることで国民から絶大な支持を受けたとされます。ですが、それを妬んだ弟セトの謀略に合い、殺されて死体はバラバラに刻まれ、ナイル川に投げ捨てられます。その妻のイシスによって夫オシリスの遺体は集められ復活いたします。そして息子のホルスを導いてセトを打たせ、王位に就け、自身は黄泉の国の王となり、死者を裁くものとなります。

この死者を裁くというテーマも、黙示録には主題として登場します。

どうもこのオシリスの復活の物語が、後のイエスの復活物語に繋がっていると思われます。イエスも十字架にかけられた後、３日後に復活したとされていますが、それより古いエジプト神話で、オシリスは同じように復活を遂げたと伝わっています。このオシリス神話が、後のイエス復活の物語に通じていったように思われます。

再臨の主というのは、このオシリス神の復活を助けた、トート神の再臨を意味していると思います。イエスを導き復活させた天の父とは、オシリス復活のカギを握るトート神でもあると思えるからです。このことはまた後に述べます。

その後、さきに呼びかけられた声が「ここに上がってきなさい。そうしたら、これから後に起こるべきことを、見せてあげよう」とヨハネに呼びかけます。

そこには天に御座があって、ヨハネは座っておられる方を目撃します。

さらにヨハネは御座の前で展開する、不思議な光景を目の当たりにします。

「御座の前は、水晶に似たガラスの海のようであった。御座のそば近くそのまわりには、四つの生き物がいたが、その前にも後にも、一面に目がついていた。
第一の生き物はししのようであり、第二の生き物は雄牛のようであり、第三の生き物は人のような顔をしており、第四の生き物は飛ぶわしのようであった。
この四つの生き物には、それぞれ六つの翼があり、その翼のまわりも内側も目で満ちていた。そして、昼も夜も、絶え間なくこう叫びつづけていた、『聖なるかな、聖なるかな、聖なるかな、全能者にして主なる神。昔いまし、今いまし、やがてきたるべき者』。」

こちらは難解なビジョンとなっていますが、実は降臨する主についてのキーワードが隠されています。それは場所を示すビジョンなのだと思えます。

ガラスの海であったというのは、そのまま周囲を海で囲まれた土地であることを示しており、四つの生き物とは、その場所が四つに分かれていて、各々の形を表しています。

一面に目が付いていたというのは、人の住む土地のことを示しているからです。多くの人がいるがゆえに、無数の目があります。

そして昼も夜も絶え間なく主を賛美する声が聞こえるというのは、信仰深い土地であることを示しており、たえず参拝者がやってきて祈りを捧げる土地であるということです。

その土地を示すと思われる場所と、四つの生き物とを重ね合わせてみます。

第二の生き物は雄牛

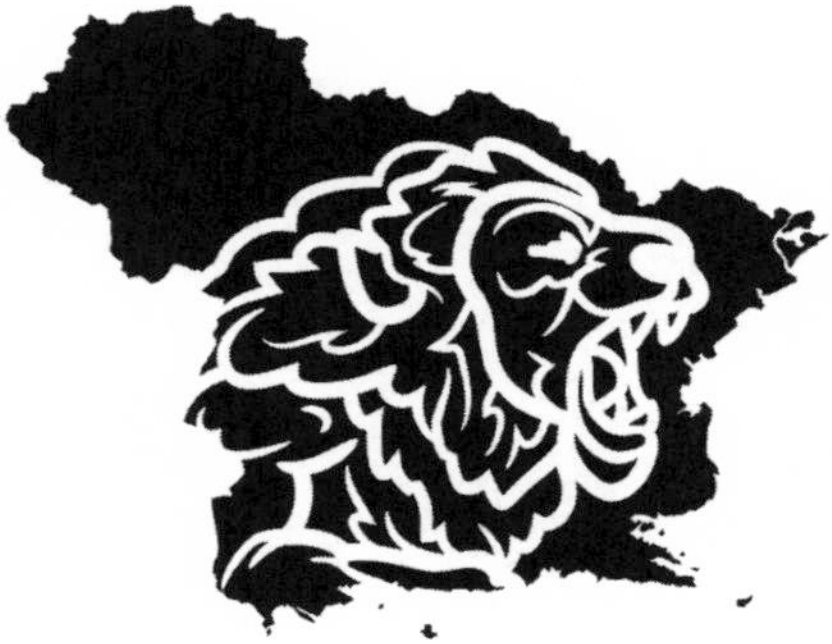

第一の生き物はライオン

第三の生き物は人の顔

第四の生き物は鷲

第一の生き物はライオンのようであり、第二の生き物は雄牛、第三の生き物は人の顔、第四の生き物は鷲。そして周りを海に囲まれ、信仰の厚い土地。

これは日本の四国を表しています。

第一の生き物のライオンというのは徳島県で、第二の生き物の雄牛は香川県、第三の生き物の人の顔は愛媛県、第四の生き物のワシは高知県で、上記の図はそれぞれの県と四つの生き物を重ね合わせたものです。

四国は海に囲まれており、有名なお遍路で八十八か所を巡る方々が、全国から訪れる巡礼の場所でもあります。

さらに先述のアルファとオメガが神代の日本語でアワであり、それが四国の阿波＝徳島県にも通じるという話をしたように、日本の四国との繋がりを感じさせます。

ヨハネの黙示録に書かれた、これらの描写は、日本の四国を示しているのです。どうして日本と考えられるかは後述します。

七つの封印が解かれる

ヨハネが見ていると、御座におられる方の右手に巻物がありました。その巻物には裏表に字が書かれていて、七つの封印で閉じられていたのです。

しかし、誰もその封印を解くことのできる者はいません。その巻物の封印が解かれないと、神の計画は進んでいきません。

この巻物というのは、アカシックレコードのことを象徴しているのでしょう。アカシックレコードというのは、始原から宇宙で起こったすべての出来事や人々の想念、感情がすべて記録されているものです。と同時に、未来をも記された宇宙記録とされています。

神秘思想家・哲学者のルドルフ・シュタイナーによると、アカシックレコードは透視能力のある者だけが近づくことのできる、宇宙の超感覚的な歴史記録とされています。

巻物の封印が解かれないため、ヨハネが悲しんでいると、「ユダ族のしし」「ダビデの若枝」「屠《ほふ》られたと見える子羊」と呼ばれる方が御座に進み出て巻物を手にします。

この「ユダ族のしし」「ダビデの若枝」という表現は旧約聖書にあるメシア＝救世主を指し示すもので、それはイエスのことを指しているのです。もちろん「屠られたと見える子羊」も十字架にかかられて復活したイエスのことを指しています。

つまり御座におられる方というのは、イエスではなくて、イエスを遣わされた天の父のことであり、その御前に立つ者がイエスであることを示します。

子羊（イエス）が巻物の封印の一つ目を解いていきます。

第一の封印が解かれると、白い馬が出てきます。それに乗っている者は弓を手に持ち、また冠を与えられています。その者は勝利の上になお勝利を得ようとして出て行きます。

第二の封印が解かれると、次には赤い馬が出てきます。それに乗っている者は、人々が互いに殺し合うように、地上から平和を奪い取ることを許され、また、大きなつるぎを与えられています。

第三の封印が解かれると、今度は黒い馬が出てきます。それに乗っている者は秤《はかり》を手に持っており、地上に飢饉をもたらすと思われます。

第四の封印が解かれた時、青白い馬が出てきます。それに乗っている者は「死」と言い、それに黄泉が従っています。彼らには、地の四分の一を支配する権威、および剣と、飢饉と、死と、地の獣らとによって人を殺す権威とが、与えられました。

まず、巻物の七つある封印のうち、第四の封印が解かれたまでを解説します。封印が解かれるたびに現れる色のついた馬に乗る者というのは何を表しているでしょうか？

それは国や地域などを表しているのです。

第一の封印が解かれた時に現れる白い馬に乗り、勝利の上にもまだ勝利を得ようとして出ていくものとは、アメリカ合衆国を指しています。米国は白人が中心となって建国した国で（白）、建国以来、数多くの戦争に出ていき、そして多くの勝利を得ています。ここで「出かけた」という表現があるように、米国は自国内の敵への攻撃というのはほぼ無く（テロ攻撃はありますが）、大抵は他国に出ていって戦争をしています。そして多くの戦争を行い、多くの勝利を得ています。この白い馬に乗った者とは、米国を意味しているのです。

次に、赤い馬に乗った者が登場します。彼は地上から平和を奪い、人々が互いに殺し合うようになるため、大きな剣が与えられています。この赤い馬に乗った者とは、かつてのソ連であり現在の中国、そして北朝鮮などの共産主義国を表します。共産主義を象徴する旗として赤が使われます。また革命によって多くの人が亡くなっています。平和を奪うと表現されたように、共産主義では資本家と労働者の対立から、人々は互いに殺し合うようになります。結果、世界中で多くの血が流れることとなりました。

第三の封印が解かれると、黒い馬に乗った者が現れます、手には秤を持っているのですが、穀物がたくさんのお金と釣り合う状態となっています。つまり地上で飢饉が発生するということです。この黒い馬に乗った者とは、アフリカ諸国のことでしょう。今でも多くの方が栄養失調などに毎年苦しめられていますが、これからまた厳しい時代がやってくるものと思われます。

そして第四の封印が解かれると、青白い馬に乗った者が現れます。その者の描写は恐ろしく、名前は「死」と言い、黄泉が従っていて、地上の四分の一を支配し、剣と、飢饉と、死と、地の獣らとによって人を殺す、とされています。

広大な領土を持っていることになりますが、これはＥＵを表しています。ＥＵの旗は青地に星が円の形になるよう描かれています。そして加盟している国の領土を足すと、地球上で広大な領土となります。

これら四つの国と地域を見ると、黙示録の時代はまさに現代に当てはまると言えます。

次に、第五の封印が解かれると、祭壇の下に殉教者の霊がたくさんおり、彼らは裁きと血の復讐を求めます。

第六の封印が解かれた時、大地震が起こって、太陽は黒くなり、月は血のようになり、天の星は地に落ちます。天は巻物が巻かれるように消えていき、すべての山と島とはその場所から移されてしまいます。そして四人の天使が地の四隅に立って、風を引き留めてくれています。さらにもう一人の天使が、生ける神の印をもって、日の出る方向から来て、先の四人の天使にこう言います。

「わたしたちの神の僕らの額に、わたしたちが印をおしてしまうまでは、地と海と木とをそこなってはならない」

その後、世界各地から大勢の人が白い衣を身にまとって、主の御座と子羊の前に立ち、神様を賛美する声が聞こえます。つまり神の印のある者たちは、この世の苦痛を除かれ、神様は彼らの目から涙をぬぐわれます。

第七の封印が解かれた時、天にはしばらく沈黙がありました。そして神の御前に七人の天使が

立ち、彼らに七つのラッパが与えられます。そうして災難の数々が人類に襲ってくるのです。

第五の封印が解かれた時の描写は、ヨハネ本人の心情が投影されたものだと思います。それだけ正しいものが迫害される世の中を憤っていたのでしょう。

次に第六の封印が解かれた様子、大地震が起こって、太陽は黒くなり、月は血のようになり、天の星は地に落ち、天は巻物が巻かれるように消えていき、すべての山と島とはその場所から移されてしまいます。これらの描写は、ポールシフト（地球の地軸が移動してしまう大変動）を示しています。地球は今、北極と南極に地軸があって回転していますが、その地軸自体が動いてしまう事態を示しています。

急激な変動によって太陽や月の輝きは異常に見られますし、空の星もまるで落ちていくように感じられることでしょう。そして津波が起きて、海岸地帯の都市などには被害が起こります。気象も今とは全く違ってきて、温暖な地域だったところが寒くなり、寒い地域が温暖な気候に変わります。そのように未曽有の気象変化を経験することになります。すべての山や島が移されるという意味もそれで理解できます。

一人の天使が、生ける神の印をもって日の出る方向から来るというのは、降臨の主は日の出る国に生まれることを意味します。それはつまりユーラシア大陸の東にあって、日出ずる国である日本のことです。そして人々に神の印をつけていくという意味になります。

神の印をつけるとは、人々に正しい真理を教え、清らかな生き方を説き、それを実践する人々が増えるということです。

世界各地の人々が大勢白い衣を着て神様を賛美するというのは、日本から発せられた福音は世界の人々を正しく導くものとなることを示しています。

降臨の主は、人々から苦しみや不幸を取り除かれ、希望と幸せをもたらしてくれます。

黙示録では上記の七つの封印は、これから訪れる未来の予告編のような役割を果たしています。そしてこれから本格的な内容に入り、七つのラッパが吹き鳴らされる黙示が綴られていきます。

天使が七つのラッパを吹く

第一の天使がラッパを鳴らすと、血の混じった雹《ひょう》と火が地上に降り注ぎ、地上の三分の一と木々の三分の一と、すべての青草が焼けてしまいます。

第二の天使がラッパを鳴らすと、火の燃え盛っている巨大な山のようなものが海の中に落ちました。そして海の三分の一が血に変わり、海の生き物の三分の一が死に、舟の三分の一が壊されてしまいます。

第三の天使がラッパを鳴らすと、松明《たいまつ》のように燃える〝苦ヨモギ〟という名の星が水源に落ちたため、水の三分の一が苦くなって多くの人が死にました。

第四の天使がラッパを鳴らすと、太陽の三分の一、月の三分の一、空の星の三分の一が打たれ、その分だけ昼も夜も暗くなってしまいます。

第五の天使がラッパを鳴らすと、一つの星が天から地に落ち、底知れぬ所に通じる穴を開けます。するとその穴からイナゴ達が大きな煙とともに飛び出し、額に神の印のない人達を襲い、サソリに刺された時のような苦痛を五カ月のあいだ与えます。その時には、人々は死を求めても与えられません。

第六の天使がラッパを鳴らすと、ユーフラテス川のほとりにつながれている4人の御使が解き放たれます。彼らは人間の三分の一を殺すために解き放たれ、2億人の騎兵隊が出陣し、彼らの乗り物の口から出る火と煙と硫黄で、人間の三分の一が殺されます。

これらの災害に生き残った人々も、その犯した殺人や、まじないや、不品行や、盗み等を悔い改めようとしません。

2人の神の証人が登場し、42カ月の間預言をし、彼らに害を加えようとする者は、この2人の預言者の口から出る火によって滅ぼされます。彼らはその期間あらゆる災害を起こす力を持っています。彼らは、全地（地球のこと）の主の御前に立っている2本のオリーブの木、また、二つの燭台であると表現されます。

定められた預言の期間を終えると、底知れぬ所からのぼって来る獣（反キリスト）が2人の預言者と戦って勝ち、彼らを殺しますが3日半の後に神によって2人は蘇ります。

第七の天使がラッパを鳴らすと、「この世の国は、われらの主とそのキリストとの国となった。主は世々限りなく支配なさるであろう」という声が天に響きます。

まず、第一のラッパが鳴った時の災害の意味について解説します。血の混じった雹と火が地上に降り注ぎ、地上の三分の一と木々の三分の一と、すべての青草が焼けてしまうと書かれています。これはおそらくミサイルが降りそそぐ様を幻視したものだと思います。古代の人から見れば、現代のミサイル攻撃はまるで、空から炎が降ってきて、大地を燃やしているように見えるでしょう。そのように大規模なミサイル攻撃が人類間で行われる、つまり現代の戦争の状況を幻視したものと思われます。

次に、第二のラッパが鳴った時には、火の燃え盛る巨大な山のようなものが海の中に落ち、海に甚大な被害をもたらすとされます。これは大きな隕石の衝突で、海洋に大きな被害がもたらされると思われます。発生した波によって船も転覆しますし、陸には大きな波が押し寄せるでしょう。海の生態系にも被害をもたらし、赤潮などの異常現象を発生させます。

そして第三のラッパが鳴った時、松明のように燃える〝苦ヨモギ〟という名の星が水源に落ちたため、水の三分の一が苦くなって多くの人が死ぬと記されています。これについて、かつて原発事故の起こったチェルノブイリ原発のことではないかとも言われました。チェルノブイリは日本語に訳して苦ヨモギとされ、この事故で放射性物質が大量にまかれ、そのために水が汚染された＝苦くなったという意味だという解釈もあります。

チェルノブイリ原発事故もたしかに予兆として現れたことなのかもしれません。この出来事の本当の意味とは、核戦争の勃発を表しています。弾道ミサイルが松明のように燃えて落ちて来て、地上を放射線で毒する様を幻視したのでしょう。現在、まさに核戦争の危機が近づいてきています。

第四のラッパが鳴った時の危機は、太陽の三分の一、月の三分の一、空の星の三分の一が打たれ、その分だけ昼も夜も暗くなってしまったという描写になっています。これは核戦争後の核の冬を表しています。核戦争が起こると、大量の放射性物質を含んだ大量の浮遊物が舞いますので、それに覆われて空が暗くなり、核の冬が来ると言われています。

第五のラッパが鳴った時には、底知れぬところの穴が開き、そこからイナゴの大群のようなものが出て来て、人々を苦しめるとされています。これはウイルスによるパンデミックを表しています。すでに私たちは新型コロナによって苦しめられてきましたが、そのことを示している部分もありますが、さらに未来の別なウイルスによる害を暗示しています。それは自然に発生したのではなく、作られた生物兵器による害なのです。

第六のラッパが鳴った時に、ユーフラテス川で4人の天使が解き放たれ、人類の三分の一が滅びる。これは、中東で起こる戦争を意味します。すでに何度もの戦争を経験している地ですが、さらに大規模な戦争がここで行われるのです。その時に同地に神の思いを汲んだ者もあらわれますが、最後には滅ぼされてしまいます。

２人の預言者については、全地（地球）の主の御前に立っている２本のオリーブの木とされています。これは国連を意味しています。国連の旗は、地球図の両脇に２本のオリーブの木が描かれています。やがて国連軍も参加する中東での戦争となりますが、ついには敗れ去っていくことを意味します。

第七のラッパが鳴った時には、この世も主の国になったことを喜びます。つまり天国は主が統治する世界なのですが、この世はそうなっていません。人々が好き勝手に支配し、時に悪が支配することもあります。そうした時代が過ぎ去っていくことを示しています。

太陽を着た婦人と御子の誕生、そして赤い龍の正体

また天のしるしが現れ、太陽を着て、足の下に月を踏み、その頭に十二の星の冠をかぶり、子供を宿した女性が登場します。

そしてもう一つのしるしとして、七つの頭と冠に、十の角がある大きな赤い龍（実態は悪魔）が出てきます。

龍は女性が子供を産んだらその子を食い殺そうとするのですが、この子は神のみもとに引き上げられます。女性は神の用意された荒野へ逃げます。

天では戦いが起こります。大天使のミカエルと天使たちが龍とその仲間と戦い、この巨大な龍であり悪魔と呼ばれる者たちは地に落とされます。

地に落ちた龍は執拗に女性を追いかけますが、大地が彼女を助けます。

この女性とはどのような存在なのか、通常ではイエスの母である聖母マリアを指していると考えるかも知れません。ですがこれは降臨の主の生まれる国を意味しています。

この女性が示す国というのは日本にほかなりません。太陽を着ているというのは、布に太陽が記されているわけですから、これは日本国旗を意味します。そして月というのはイスラム教国で使われるシンボルですので、おもに中東を指し、十二の星というのは、ＥＵの国旗を意味します。ＥＵの旗印は、青地に十二の星が円系に配置されているものです。

中東を足元に、ＥＵ諸国を頭にというのは、中東よりも発展しているが、ＥＵには頭が上がらない国となります。そして太陽を象徴している国とは、日本のことなのです。

これからさまざまな災いが人類に訪れますが、その中から希望を灯し、人類の救いとなる光が、日本から現れるという意味です。

さらに赤い龍と表現された悪魔が現れ、子供を飲み込もうとします。これはどういう意味かというと、赤い大きな龍というのは共産主義の中国を意味します。共産主義はしばしば赤で象徴され、中国の国旗も赤く染まっています。そして龍は中国の象徴として使われます。この赤い龍は中国を表しています。

そして赤い龍は世界の救い主＝希望の光となる日本を飲み込もうとしているのです。飲み込もうとしているとは、占領、あるいは実質的な植民地のようにすることを意味します。

もしも日本が中国に飲み込まれ、一部の省や植民地にでもなれば、救いの光は閉ざされ、人類の未来も失われてしまうでしょう。

赤い龍は世の光である子を飲み込もうと狙っているのですが、神の用意された荒野に逃れて助かります。これは一つには大都会のような所ではなく、田舎町のような場所で光は隠されているという意味が含まれています。

また荒野に飛んでいくために、大きな鷲の翼が与えられたというのは、米国陸軍のワッペンマークに白頭鷲が翼を広げている図柄が示されているように、日本が米軍の保護下で守られている時期を意味します。

つまり安保下にある今の日本に救世の光は守られているという意味です。

反キリストである獣の登場

また一匹の獣が海から上がってきます。それには十の角と冠、そして七つの頭があり、頭には

神を汚す名がついていたと言います。
この獣の頭の一つが死ぬほどの傷を受けたのに治ったため、人々は恐れおののいて獣に従い、また悪魔である龍もこの獣に権威を与え、人々は獣と龍とを崇めます。
そして獣には聖なる人々に戦いを挑んで勝つことを許され、すべての部族、民族、国民を支配する権威を与えられました。

ここには終末の時に現れる獣＝反キリストのことが描かれています。七つの頭があるとは、七つの王のことを意味します。それは、この獣というのはひとつにはＥＵを指しているのです。当初、ＥＵはベルギー、フランス、ドイツ、イタリア、ルクセンブルク、オランダの六カ国で始まりました。それぞれに首脳がおりさらにＥＵの首脳を加えれば七人となります。つまり七つの頭があるのです。

現在はそこから増え続けて、27カ国となっています。十の角と十の冠、そして七つの頭の数字を全部足すと、27となります。

このことはキリスト教圏と言われるヨーロッパが、反キリストの国となってしまったことを意味しています。本来のイエス・キリストの教えとは反する考え方が広がっているのです。

欧州の国々は、産業革命に成功し、飛躍的に文明を発展させていきましたが、世界中に植民地を作り、有色人種を不当に弾圧してきました。これらの蛮行は正しい行いではなく、まるでイエスの愛の教えを踏みにじるようなものでした。しかも植民地政策を進めるにあたって、まずは宣教師を派遣し、キリスト教を利用してその国を植民地としていった歴史があります。まさしくイエスの教えた愛の教えの対極となる行為です。

そしてこの終末の時に現れる反キリストとは、世界的な全体主義国家のことを指しているとも言えます。

黙示録によれば、人々を従わせる権力者の登場を示していますが、これは個人の自由や自主性を認めず、国家の命令に従わせる国の登場を意味しています。

現在、コロナ禍によって、日本でもマスクをしなくてはならないとか、副反応の問題が懸念されるワクチン接種を推し進めたりしています。これらは個人の自由を抑圧し、政治家の命令によって国民を従わせる全体主義に向かっています。世界的にも全体主義の流れは起こっています。

特に中国や北朝鮮などの共産主義国家では、政治的なデモも許されず、反政府的な人物は投獄され弾圧を受けます。ウイグル自治区には強制収容所に大勢のウイグル人が入れられ、宗教を捨てさせられています。チベット自治区では多くの寺院が潰され、ダライラマの絵や写真を持っているだけで拷問され、それに抗議する僧侶は焼身自殺までしています。

イスラム諸国においても、人権を軽視する政治が行われており、自由は抑圧されています。

そうした個人の自由が抑圧される全体主義が世界に広まっていることを、獣＝反キリストは意味しています。

ニセ預言者の獣の出現

さらにほかの獣が地から上ってきました。それには子羊のような角が二つあり、龍のように物を語ります。この獣は先の獣の像を作って、その像に息を吹き込んで物を言うことさえできるようにしました。この獣の像を拝まない者は皆殺されます。

そしてすべての人々に右手あるいは額に獣の刻印を押させ、この刻印のない者には物を売ることも買うこともできないようにしました。

その刻印というのが獣の名前、あるいはその名の数字のことであり、その数字とは６６６のことです。

ここではさらに次の獣が現れます。先の獣が反キリストなら、次の獣はニセ預言者であり、人々を扇動する能力の優れた者です。このニセ預言者である獣は先の獣の像を作って、それが物を言うこともできるようにしたと言います。これは何を意味しているかというと、マスメディアの登場を意味します。テレビなどを見れば分かるように、画面では映像が動き、音が出ます。昔の人からすれば、まるで像が物を言っているように見えるでしょう。

そしてメディアは大衆を操作して、選挙結果をも左右し、政治家を生み出すこともできます。

これが先の獣の像を拝ませるという意味です。

先の獣とはＥＵや全体主義国を表していると言いましたが、それを引き継いでいるものとは、世界的なメディアであり、現代の巨大ＩＴ企業を表しています。

彼らが人々を洗脳し、自分たちの都合のよい情報だけを流し、大衆を自在に操っており、まさに現代のニセ預言者となっています。

もちろん、多くのメディア関係者は、まさか自分がニセ預言者とは思っていないでしょう。しかし、神を信じず、あの世を認めず、霊的真理から人々を遠ざけ、自分たちの都合のよいように大衆を扇動する姿は、まさに現代におけるニセ預言者であり、悪魔の活動と言えます。神秘思想家のルドルフ・シュタイナーも「現代の悪魔は活字を通して入ってくる」と指摘しています。さらに現代はテレビやスマホの画面を通して、悪魔は人々に入ってきています。

こうした大手メディアや巨大ＩＴ企業、さらに国際金融やグローバル企業らの集まりこそ、人々に幻を見せ、大衆を操り、神から遠ざけて、この世の快楽を求めるように導く現代のニセ預言者です。

そして反キリストの印として６６６が語られています。これは昔のホラー映画『オーメン』を観た方なら知っているでしょう。『オーメン』は１９７６年に作製された米国の映画で、悪魔の子として生まれた「ダミアン」をめぐる物語です。この悪魔の申し子ダミアンは６月６日６時に生まれ、その頭には生まれつき６６６の形をした痣《あざ》が存在します。

この６６６の数字が悪魔の印とされている理由が、上記にあげたヨハネの黙示録から来ているのです。

このように獣の印として６６６の数字が示されていますが、黙示録の冒頭部分には、七つの金の燭台や、七つの教会、七つの星など、七という数字が頻繁に出てきます。反キリストの印が６６６であるのに対して、降臨の主の印が７７７であることを示しています。

日本に現れる救世の光には７７７に関わる印があるということです。

七つの災いの鉢を傾ける天使

次に、黙示録では三人の天使が現れ、神の裁きがなされることが告げられます。

天使が地上に鎌を投げ入れて、刈り入れを行います。

さらに七人の天使が、最後の七つの災害を携えて登場します。神の怒りが極みに達するのです。

七人の天使は神の怒りの七つの鉢を受け取り、それを地に傾けていきます。

第一の鉢が傾けられると、獣のしるしを付ける者、獣の像を拝む者に悪性のはれ物ができます。

第二の鉢が傾けられると、海が死人の血のようになって海の生物がみんな死んでしまいます。

第三の鉢が傾けられると、川と水が血に変わってしまいます。

第四の鉢が傾けられると、太陽の火が人々を焼きます。人々はそれでも神を冒瀆《ぼうとく》し、悔い改めません。

第五の鉢が傾けられると、獣の国が闇におおわれ、人々は激しい苦痛とでき物のために神を呪い、自分の行いを改めようとしません。

第六の鉢を大ユウフラテ川（ユーフラテス川）に傾けると、その水は、日の出るほうから来る王たちに対し道を備えるために枯れてしまいます。そして龍と獣とニセ預言者の口から三つの悪霊が出てきて、ハルマゲドンという地に王たちを集めます。

第七の鉢が傾けられると、かつてなかったほどの大地震が襲います。大いなる都は三つに裂かれ、島は消え山も見えなくなります。また巨大な雹《ひょう》が人々の上に降ってきます。


はじめの、地上に鎌を投げ入れ刈り入れを行うというのは、神の最後の裁きによって、人々の魂を刈り入れることを意味していると思います。

イエスの言葉で以下のような譬《たと》えがあります。

「イエスは答えて言われた、『よい種をまく者は、人の子である。畑は世界である。よい種というのは御国の子たちで、毒麦は悪い者の子たちである。それをまいた敵は悪魔である。収穫とは世の終わりのことで、刈る者は御使いたちである。』」

つまり終末の時には、刈り入れが行われ、神の裁きがなされるという意味があります。

そして第一の鉢が傾けられると、獣の印のある者や獣の像を拝む者に、悪性のはれ物ができると言われます。どうやって獣の印のある者だけが、このような病気になるのでしょう？

この章の初めでも述べたように、この印というのは、コロナワクチンである可能性があります。現代の反キリストであるメディアや、製薬会社などの言葉を信じ、ワクチンを打ってしまった人には、獣の刻印が押されたことになります。後には悪性の腫れ物＝癌などが発生してくる恐れがあることを示しているのかも知れません。

すでにSNSなどでは「ターボ癌」なる言葉が飛び出してきています。ワクチン接種した人の中に、急激に癌が進行してしまう人がいるというのです。SNS企業は早速これらの情報を根拠不十分として規制しているようではありますが……。はたして真相はどこにあるのでしょうか？


第二、第三の鉢によって、海と川の水が血になってしまいます。これは多くの預言者や正しい者の血が流されたため、それを迫害したものに返すという意味があるのでしょう。核戦争後の放射性物質によって、海と川の水が汚染されることを意味しているのかも知れません。


第四の鉢が傾けられると、太陽は火で人々を焼くとされています。これはどのような事態を表しているのでしょうか？

もしも核保有国同士の核戦争が起こり、相互に射《う》ち合うような結果になれば、オゾン層が破壊されると指摘する研究もあります。大量に発生した煤《すす》が成層圏まで舞い上がり、これがオゾン層を破壊してしまうというのです。そうなると今までオゾン層で遮られていた有害な紫外線が、地表にまで届くようになります。

現在でもオゾン層が薄くなった部分が出て来て、オゾンホールとして問題となっています。これは長年使ってきたフロンガスが原因だと分かって、現在は世界的に使用を制限しオゾン層を守ろうとしています。

オゾン層が破壊されるとどうなるでしょうか。オゾン層が有害な紫外線を遮ってくれていると言いましたが、その紫外線が私たちに降り注ぐことで、強い日焼けをしたように、皮膚が火傷の炎症を起こしてしまいます。そして有害な紫外線は細胞内のＤＮＡまで損傷させ、悪性腫瘍を発生させます。

つまりオゾン層が失われると、今までのように外に出て過ごせば、皮膚は火傷をし、癌を発生させてしまうこととなります。

太陽が火で人々を焼くという記述は、核戦争によるオゾン層破壊の状況の未来を、ヨハネが見て書いたように思われます。

またもう一つの示唆としては、地磁気が一時的に喪失してしまい、地球に大量の宇宙線や紫外線が降り注ぐことを示しているのかも知れません。

これについては第２章でも述べています。

次に第五の鉢により、獣の国は闇におおわれ、人々は激しい苦痛とでき物で苦しめられるとあります。闇に覆われるというのは、核戦争後の舞い上がった粉塵による日光の遮断でしょう。そして放射線の被ばくによって人々は苦しめられ、さらに放射線と時折射《さ》す日光の有毒な紫外線によって、癌を発生させて苦しむ姿を表しています。さらに、ここにワクチンによる後遺症の問題も含まれているかも知れません。

第六の鉢では、大ユウフラテ川が涸《か》れ、ハルマゲドンに王たちが集められるとあります。ユーフラテス川が涸れるというのは、それだけ異常な干ばつが襲うことを意味します。そしてハルマゲドンとは、現在のイスラエルにある古代都市メギドの丘を指しています。つまりこの地で人類の最終戦争が起こることを意味します。

現在でもイスラエルは他の国との紛争が止まず、争いの絶えない地です。ここで多くの国を巻き込んで、最終戦争が行われる可能性が高いのです。

第七の鉢では、巨大な地震が発生し、大いなる都は三つに裂かれ、島や山も消えると言われています。これはかつてなかったほどの地震が起こり、おそらく大陸が分断されたり、沈没したりするような出来事が起こることを意味します。

かつて南米とアフリカ大陸が一つの大陸だったという話を聞いたこともあるでしょう。その大きな大陸が真っ二つに裂けて、今の南米大陸とアフリカ大陸とに分かれたのです。

それと同じように、大陸が三つに裂けるほどの大変動が起こります。さらに陸地が海没する地域も出てくるでしょう。それだけ甚大な大変動が起こることを暗示しています。

また何十キロもあるような巨大な雹も降ってくると言われます。大地震と共に異常気象が人類を襲うという意味です。

大淫婦への裁き

その後、黙示録には大淫婦と呼ばれる者への裁きが描かれます。この女の額には名前が記されていて、「大いなるバビロン」と書かれています。

この大淫婦は赤い獣に乗っていますが、その姿は七つの頭に十の角があり、そして「昔はいたが、今はおらず、やがて底知れぬところから上ってきて、ついに滅びる」とされます。この七つの頭というのは、女の座っている七つの山であり、七人の王のことだと言います。そのうちの五人はすでに倒れ、一人は今もおり、もう一人はまだ来ていない。昔はいたが今はいない獣というのは、第八のものであって、かつての七人のうちの一人であると言います。

そして十の角というのも、十人の王のことで、まだ国を持っていないが、獣とともに降り、一時だけ王としての権威を受けると言われます。

この女とは、地上の王たちを支配する大いなる都のことを指します。

その後、天使が現れ「倒れた、大いなるバビロンは倒れた。そして、それは悪魔の住む所、あらゆる汚れた霊の巣窟、また、あらゆる汚れた憎むべき鳥の巣窟となった。すべての国民は、彼女の姦淫に対する激しい怒りのぶどう酒を飲み、地の王たちは彼女と姦淫を行い、地上の商人たちは、彼女の極度のぜいたくによって富を得たからである」と叫びます。

この女＝大都市にはさまざまな災害が襲い、神の裁きによって火で焼かれます。女と関係を持つことで贅沢をしていた地上の王や、商人らは嘆き悲しみます。地上を汚してきた女への神の裁きを賛美する声が天で聞かれます。


では解説に入ります。この大淫婦バビロンとは何を指しているのでしょうか？

バビロンとはかつてメソポタミア地方のユーフラテス川両岸にまたがって存在した大変栄えた古代都市の名前です。バビロンは富の象徴でもありますが、悪徳が広まり、間違った思想が広まる場所という意味が込められています。一般的には、初期キリスト教徒を迫害したローマ帝国のことを指しているとする解釈があります。

では大淫婦バビロンとは何を示しているかというと、これは現代のアメリカ合衆国のことを示しています。

大淫婦は赤い獣に乗っていると表現されていますが、前の節でこの赤い獣とはＥＵであるとお伝えしました。このＥＵにまたがり、従えて自在に操っている国こそ、米国にほかなりません。そして世界最大の経済大国で、米国に物を消費＝買ってもらうことで、世界の国々と商人は栄えています。

前の章で、リーマン・ショックが起こる前に、ニューヨークが海没し、その上空を飛ぶ鳥が「大いなるバビロンは滅びた」と叫ぶビジョンを見た話をしました。これはつまり米国、特に国際金融都市であるニューヨークこそが現代のバビロンであることをも意味していたのです。

米国にもかなりの闇が存在しています。世界で紛争を起こさせ、戦争を起こしている者たちも潜んでいます。彼らのことをＤＳ（ディープステート＝影の政府）と呼びますが、一般に陰謀論として一蹴されています。しかし彼らは実際におり、世界中で暗躍し、選挙結果まで捻じ曲げる力を持っています。

彼らはやがて一掃されることが、黙示録では描かれています。彼女は火で焼かれ、これほどの富が一瞬にして無に帰してしまうと書かれています。これは米国債の暴落や、高インフレに見舞われて、ドルの信用が失われる事態を示していると思います。やがて米国の経済は失墜し、米国と取引をして貿易で栄えていた国や企業などは、辛酸をなめることとなります。

千年王国の到来

黙示録に戻ります。

天が開かれ、そこに白い馬に乗る方が登場します。その方は「忠実で真実な者」と呼ばれ、義によってさばき、戦う方です。その目は燃える炎であり、その頭には多くの冠があります。また、彼以外にはだれも知らない名がその身にしるされています。そして、天の軍勢が、白い服を着て、白い馬に乗り、彼に従いました。彼の口からはつるぎが出ていて、さらに鉄のつえをもって諸国民を治めます。

これは降臨の主が地上に降りられることを示していて、誰も聞いたことのないような不思議な名を名乗るということです。

その白い馬に乗ったお方と、獣（反キリスト）と獣に従っていたものが戦い、獣たちは敗れて捕らえられ、生きながら、硫黄の燃え盛る火の池に投げ込まれます。

そして悪魔である龍は１０００年間、封印されます。また神に従った者、獣を拝まず、刻印を受けなかった者が生き返り、救世主とともに１０００年間支配します。これが千年王国と呼ばれるものです。

ここでは悪魔や獣とそれに従った者たちが、厳しい裁きを受けることが書かれています。悪魔はその後、１０００年のあいだ封印され、神に従った者たちが生き返るとされています。

このことの意味は次のようになります。つまり、先にあげた諸々の災害を経験して、人類の人口は激減してしまいます。しかし、その中でも生き残った者たちがおり、彼らは降臨の主の教えに従って生きる者たちです。そして新しい地球に生まれて来るのは、それ以前に亡くなり、善良な生き方をした者たちだけであり、精神性に目覚めた者たちが、生まれ変わってくるということなのです。生まれ変わるとは、一度死んだ者の魂が、再び母体に宿り、子供として生まれ変わってくることを意味します。つまりここでは輪廻転生が語られているのです。

大患難の時代を乗り越え、善良な者たちが生き残った地球では、魂の汚れの多いものは生まれ変わりが許されず、清く正しい者たちだけが生まれ変わる時期が１０００年間続きます。

新しい聖なる都

サタンは千年王国の後、一時的に解放されて神の民と戦いますが、天から火が降ってきて彼らは滅ぼされます。そして獣やニセ預言者もいる火と硫黄の池に投げ込まれて、永遠に苦しむとさ

れます。
また大きな御座に座っているお方＝主の前から、天も地も消え去ります。
そして死んだ者たちが、大いなるものも小さきものも共に、主の御座の前に立ちます。そして数々の書物が開かれ、さらに命の書が開かれます。死人はその仕業に応じて裁かれるのです。
このいのちの書に名前がない者は、火の池に投げ込まれます。

キリスト教ではヨハネの黙示録にあるような終末の時に、今まで死んだ者の魂が裁かれる、最後の審判があるとされます。しかし、このような人類史の終末期に、今まで死んだ者たちが呼ばれて、裁きを受けるというのは霊的には正しくありません。実際には人は死んだ後に、あの世に帰り、そこで生前の在り方を問われるのです。古来、死者はあの世で生前の行いを見せられると言われてきましたが、これは真実であり、死後にその人の思いと行いが判断されるのです。ですので、終末に人は裁かれるのではなく、その人の死後に裁かれるのです。

霊界はさまざまな階層と世界に分かれており、その人に相応しい世界へと赴きます。どのような世界に行くべきかは、その人の生前の思いと行いにより分かれます。それを死後の裁きというように昔から理解されていたのです。

上記のヨハネの記述は、最後の審判と呼ばれる出来事を描いているというよりも、降臨の主の姿を描いていると考えるのが合っているでしょう。つまり地上に生まれた主は、死んだ人々の魂を自由に呼び出し、その者の正邪を審判されるという意味です。そのような特徴を持たれているビジョンを見たのだと思われます。

新しい天と新しい地上が現れ、古い天と地は消え去って海もなくなります。
そして聖なる都（新しいエルサレム）が天から降りてきて、そこで神は人と共に住み、人は神の民となり、神は人の目から涙をぬぐわれる。もはや死もなく、悲しみも、叫びも痛みもない。
そして新しい聖なる都の説明が描かれます。そこには夜もなく、太陽の光もいらなくなります。主なる神みずからが照らすからです。
最後にこう言われます。「見よ、わたしは、すぐに来る。この書の預言の言葉を守る者は、さいわいである」

これで黙示録は終わります。未来に素晴らしい理想郷が現れて、人々が神に従って幸せな世界に生きることを描いています。つまり、人類を待ち受けた大患難の後には、素晴らしい世界が待っているという希望の部分でもあります。

神みずからが照らされるというのは、神の理である真理に従って、人々は生きるということです。

天から降りて来て神と甦った人とが暮らすとされる聖なる都というのは、黙示録の示すところでは、四角い形で、長さと幅が一緒（約2200km）だと言っています。

これは何を指すのかというと、先の章で触れた再浮上するムー大陸のことなのです。

やがて太平洋上にムー大陸が浮上してきます。その時には、今ある大陸のうちのいくらかは反対に海に没してしまいます。

こうして現れた復活のムー大陸に、千年後、新たな人々が文明の再出発をかけて暮らしていくということです。

復活のムーは、地理的にも今の日本の南に位置しますので、これから現れる日本からの救世の光が、そのムー大陸の地で受け継がれ、光を発していくことを意味します。


ここで重要な点をおさらいすると、赤い龍で表されるサタンであり救世の光を飲み込もうとする者とは共産主義の中国のことであり、いくつもの頭を持つ反キリストの獣がEU、プロパガンダの得意なニセ預言者の獣がマスコミ、大淫婦がアメリカ合衆国となります。

そうして真の救世の光は日本の中に宿っているのです。

ヨハネの黙示録は、まさに現代を予言したものであり、私たちは黙示録の時代に生きています。

そしてこれから大患難が人類に訪れると思われるのです。しかし、厳しい時代がやってくるだけで終わるのではなく、その先には希望の未来も待ち受けています。

ヨハネの黙示録にもあるように、その希望の光は日本からやって来るのです。私たち日本人は、そのことを深く胸に留め、これからの時代を生き抜いてほしいと願います。

❸ さまざまに予言された日本から来る希望の光

前節では、ヨハネの黙示録を紐解いて、これからやって来る災厄と、日本から来る希望とを述べました。

日本から希望が昇る、または日本から世の中を救う光が現れるとする予言はほかにも多数存在します。ぜひ日本のみなさんに知っていただきたいと思いますので、ここでそのいくつかを紹介したいと思います。

ノストラダムス　滅亡予言の真実

予言者として有名な人物として真っ先に名前が挙がるのがノストラダムスではないでしょうか?

本名ミシェル・ド・ノートルダムは、ルネサンス期フランスの薬剤師、料理研究家、詩人、占星術師であり、晩年には国王シャルル9世の常任侍医になりました。

ノストラダムスの書いた『百詩篇』の予言詩集は特に有名で、数々の予言を的中させたとされます。

彼の予言で的中したとされるものを紹介します。

ノストラダムスの生前にフランスのアンリ２世の死を予言したとする詩があります。

『百詩篇』第1巻35番

Le lyon ieune le vieux surmontera,
En champ bellique par singulier duelle,
Dans caige d'or les yeux luy creuera :
Deux classes vne, puis mourir, mort cruelle.

〔日本語訳〕

若き獅子は老いた方を凌駕するだろう、
一騎討ちによる戦いの野で。
黄金の籠の中の両目を（彼は）引き裂くであろう。
二つの軍隊（で残るの）は一つ、そして死ぬ、酷き死。

１５５９年にアンリ２世が余興としておこなった馬上槍試合で、対戦相手のモントゴメリー公の槍が折れ、王の右目に刺さります。

アンリ2世は黄金の兜をしており、モントゴメリー公は6歳年下で、2人とも獅子の浮き彫りの盾を持っていました。
砕けた槍の破片が目に刺さったアンリ2世は、10日間苦しみつづけ、残酷な死を遂げました。
上記の詩は、このアンリ2世の死を予言したものとして有名です。

『百詩篇』第1巻25番
Perdu, trouué, caché de si long siecle
Sera pasteur demi dieu honoré,
Ains que la lune acheue son grand cycle
Par autres veux sera deshonoré.
〔日本語訳〕
失われ、見つけられ、非常に長い間隠されてきた
パスツール（牧者）は半ば神と称えられるだろう。
しかし、月がその大いなる周期を完成する前に、
別の祈りによって名誉を傷つけられるだろう。

この詩はフランスの細菌学者ルイ・パスツールの登場を予言したとして知られています。

彼は殺菌法を開発し、予防接種を開発したことで知られており、近代細菌学の開祖とされます。
パスツールはまるで半ば神のような名声を博したということです。

『百詩篇』第2巻46番
Apres grand trouble humain, plus grand s'appeste
Le grand moteur des siecles renouveles.
pluye sang, laict, famine, fer et peste,
Au ciel veu, feu courant long estincele.
〔日本語訳〕
人類は莫大な消費ののち、さらに莫大な消費に向かう
そして巨大なモーターが時代を一変する。
雨・血・ミルク・飢え・兵器・疫病
空には長い炎を噴くものが飛び回るようになる。

この詩はモーターの出現とロケットを表しているように読めます。
ノストラダムスが生きていた頃は、まだ電気も無かった時代ですから、巨大なモーターが時代を変えるという予言は現代を的確に言い表しているように思えます。

莫大な消費が前に来ていますから、それを支える巨大なモーターということで、原子力発電のことを示しているのではないかとも言われています。
そして空に長い炎を噴くものが飛び回るというのは、ミサイルやロケットの登場を示していると考えられます。

『百詩篇』第2巻24番
Bestes farouches de faim fluues tranner:
Plus part du camp encontre Hister sera,
En caige de fer le grand fera traisner,
Quand Rin enfant Germain obseruera.

〔日本語訳〕
野獣が空腹のせいで川を泳いで渡る。
軍隊の大部分がヒスターの方に向かい、
偉大な者を鉄の檻の中に入れさせるだろう。
ゲルマン（ドイツ）の子がライン川を監視するであろう時に。

この詩はナチスドイツのヒトラー（ヒスター）の登場を予言した詩として有名です。

野獣はヒトラーを表し、川を渡るというのは、ドイツ軍が国境を越えてフランスへ侵攻することを予言したものだと言われています。

このようにノストラダムスの詩は、数々の世界的な出来事を言い当ててきたと考えられてきました。なかでも以下の詩は、日本人なら知らない人はいないくらい有名な予言となりました。

『百詩篇』第10巻72番
L'an mil neuf cens nonante neuf sept mois
Du ciel viendra vn grand Roy deffraieur
Resusciter le grand Roy d'Angolmois.
Auant apres Mars regner par bon heur.
〔日本語訳〕
１９９９年、７月、
空から恐怖の大王が来るだろう、
アンゴルモワの大王を蘇らせんと、
前後を火星が幸運のために支配する。

いわゆる1999年の破滅の予言とされるものです。

日本の作家、五島勉氏が『ノストラダムスの大予言』という本のなかで、この詩が人類滅亡を予言したものだと紹介したため、たいへん話題となったものです。

五島氏の本を読んだ人には、1999年に地球は滅びるのだと信じてしまった人も出ました。ですが、ご存知のように、同年には何も起こらなかったため、ノストラダムスの予言も忘れ去られることになります。

ただし、ノストラダムスの当の詩を振り返ってみても、人類が滅亡するなどどこにも書いていません。五島勉氏の解釈によって誤解された面があるでしょう。

では、正しくはこの詩にはどのような意味があったのでしょうか？

二行目の「空から恐怖の大王が来るだろう」という文は、空と通常訳されますが、これは天国を示す言葉でもあります。

つまり「天国から驚愕の（あるいは偉大な）大王が降臨する」と訳せます。

次の三行目にあるアンゴルモアという言葉は、そのものの言葉は無くて、モンゴリア（モンゴロイド）のアナグラム（文字の入れ替え）だと言われています。

「アンゴルモア」（Ａｎｇｏｌｍｏｉｓ）を分解して入れ替えると、「モンゴリー・アス」（Ｍｏｎｇｏｌｉ・Ａｓ）という2つの単語が現れます。

モンゴリー（Ｍｏｎｇｏｌｉ）とは、「モンゴル」のことであり、モンゴロイドのアジア人を意味しています。

「アス」（Ａｓ）とは、英語で言う「エース」のことで、「第一人者」あるいは「盟主」という意味があります。

ですから、アンゴルモアの大王とは、東洋の盟主の復活を意味します。

この言葉の指し示す人物は二人いると考えられます。おそらくこの一つの詩に、現代に起こる二つの復活を予言していたのではないかと思えます。

一つには、恐怖の大王という意味であれば、アジアのもっとも恐れられた人物としてチンギス・カンがあげられます。ご存知のように人類史上最大規模の世界帝国であるモンゴル帝国を築き上げた人物です。

モンゴル帝国はかつて、東ヨーロッパまで版図を広げた帝国であり、西洋人からもっとも恐れられたアジアの帝国でしょう。この詩がチンギス・カンの復活を意味するなら、現代であれば中国の支配が強まっていき、恐るべきものとなっていくことを意味していると思われます。

そしてもう一つの意味、アジアの偉大な存在、盟主と言うと、アジアで歴史上もっとも偉大な人物とされるのは、お釈迦様＝仏陀となります。この行は仏陀の復活を示している可能性があります。

つまり、この詩を正しく訳すると以下のような文になります。

1999年7月
天上界から驚愕の王が降臨してくるだろう。
アジアの盟主である仏陀を復活させるために。
その前後の期間は火星（マルス＝軍事）が幸運で支配している。

この有名な予言詩は、世紀末に救世主が降臨されることを予言した詩となっているのではないかと思われます。

実はノストラダムスの詩には、これだけでなく、救世主の降臨を示す予言詩も残されているのです。以下はそれを示す重要な詩です。

『百詩篇』第5巻53番
La loy du Sol, & Venus contendens,
Appropriant l'esprit de prophetie:
Ne l'un, ne l'autre ne seront entendens,
Par Sol tiendra la loy du grand Messie.
〔日本語訳〕

太陽の法と金星（の法）が争い合うだろう。
預言の精髄を適用しつつ、
一方も他方も理解されることはないだろう。
偉大なメシアの法は太陽によって保つだろう。

五島勉氏によれば、ノストラダムス自身は生前、「この詩（の原文）を見た人は、それだけでも恵まれるようになる。とくに四行目（の原文）を声に出して読めば、いっそう幸運に恵まれる。詩の真の意味を知れば、さらに輝く人生を送れる。なにしろこの詩は、わたしが精魂込めて書き、〝大きなメシアの法〟とつながっているんだからね」と友人に話したと紹介されています。

太陽の法という言葉が出てきますが、太陽というのは日本を表しており、日本から上って来る教えや救いのことです。

そして金星（の法）は何を示しているかと言うと、ヨハネの黙示録にもイエスの言葉として「わたしは（中略）明けの明星（金星）である」と言われているように、古代の預言者からイエスに繋がる聖書全般の教えを指しているものと思われます。

つまり金星の法というのは、ユダヤ＆キリスト教であり、それと競い合うように太陽の法が出てくるというものです。

この太陽の法は救世主（メシア）の法であり、それは太陽の国（日の丸を国旗とし太陽を象徴する日本）のなかで保たれるだろうと予言しているのです。
つまり日本の地で人類を救済するようなものが登場する、とノストラダムスは予言していたのです。

次の詩も、待ち望んだもの＝救世主の登場を予言したと考えられる詩です。

『百詩篇』第10巻75番
Tant attendu ne reuiendra iamais
Dedans l'Europe, en Asie apparoistra
Vn de la ligue yssu du grand Hermes,
Et sur tous roys des orientz croistra.
〔日本語訳〕
非常に待望されたものは決して戻らないだろう、
ヨーロッパへは。アジアに現れるだろう、
偉大なヘルメスから発した流れのひとつが。
そして東方のあらゆる王の上で成長するだろう。

非常に待望されていたものがヨーロッパには戻らず、アジアに現れると言っています。

人々が非常に待望するものとは何でしょうか？

ノストラダムスが属するキリスト教圏では、それは救世主の降臨を意味します。

約束され、待ち望んだ救世主が再び降臨されることこそ、キリスト教徒の人々が長年待ち望む出来事です。

それがキリスト教圏であるヨーロッパには現れず、アジアの地に現れるだろうと予言しています。

先にヨハネの黙示録の章では、冥府の鍵を握る者で、死者から復活を遂げ、イエスの十字架での復活の元とも言えるエジプト神話のオシリスについて述べました。

このオシリスの復活を助け、守ってきた者として、トート神という宇宙創造をされたと言われる神様がいます。トート神は正義の秤の示す審判を記録するとも言われます。こちらもヨハネの黙示録の最後にある、死者を裁く描写とイメージが重なります。

イエスの十字架の復活を支援したのは天の父である主であり、このイエスの復活の原型とも言えるオシリスの復活を支援したのがトート神です。つまりイエスの言われた天の父、また主と呼ばれる存在は、このトート神ではないかと考えられるのです。

このトート神というのが、実はギリシャ神話のヘルメス神と同一視されており、ヘルメスとトートが習合してヘルメス・トリスメギストス（三倍偉大なヘルメス）と呼ばれ錬金術の祖ともされています。

ノストラダムスの予言でアジアにヘルメスが現れるというのも、黙示録と合わせて考えれば、日本においてヘルメス・トリスメギストスが復活し、救世の光として現れることを意味していると思います。それ以外にもヘルメスには経済的な繁栄の象徴があり、欧米が没落し、日本が繁栄していく未来を示している面もあるかと思います。


また「ヨハネの黙示録」のなかで、救世主が降臨された時には、死者が降臨された主の御前に立たされるという預言もありました。

それと同じようなことを予言している詩が、ノストラダムスの『百詩篇』にもあります。

それが、あの有名な１９９９年の予言の二つ後にある以下の詩です。

『百詩篇』第10巻74番
An reuolu du grand nombre septiesme
Apparoistra au temps Ieux d'Hacatombe,（Hecatombe の誤植?）
Non esloigné du grand eage milliesme,
Que les entres sortiront de leur tombe.
〔日本語訳〕

七番目の大きな数が巡り終わった年が、
大虐殺（Hecatombe）の競技の時に出現するだろう。
千年紀の大きな年から遠くない。
墓に入っていた者たちが出てくるだろう。

七番目の大きな数や千年紀の年というのは、21世紀に入った今世紀を意味しています。この時代に死者が蘇ってくるとノストラダムスは予言しています。

多くの死者が日本の地で黄泉がえり、人々の前に証するでしょう。

最後にノストラダムスの予言の終わりを告げる詩を紹介いたします。

『百詩篇』第1巻48番

Vingt ans du regne de la lune passés
Sept mil ans autre tiendra sa monarchie:
Quand le soleil prendra ses iours lassés
Lors accomplir & mine ma prophetie.

〔日本語訳〕

月の支配の20年が過ぎた。

7000年、別のものがその体制を保つだろう。
太陽が残された日々を受け取るであろう時に、
私の予言は成就し、終わる。

月の支配とは西洋の支配の時を表します。

20年とは20世紀を意味しているのでしょう。

さらに7000年とは、その次の21世紀以降の千年紀を指していると思われます。

ヨハネの黙示録にも、終末の時には新しいエルサレム都市が登場し、救世主が統治する千年王国が現れるとされています。

つまり西洋文明が世界を支配していた20世紀が終わりを告げ、21世紀には別のもの（救世主）が現れるということになります。

太陽である日本が、西洋文明に代わってこれからの未来を生みだしていきます。

太陽の国（日本）で法、救世の法が説かれ、主が復活する時には、ノストラダムスの予言も終わりを告げ、新たな時代、聖書に預言された千年王国が登場するということです。

ジーン・ディクソン　末日の善悪の大決戦

そしてもう一人、アメリカの有名な予言者にジーン・ディクソン女史がいます。

彼女はノストラダムス、エドガー・ケイシーとともに世界三大予言者とも称されます。彼女は１９００年代のアメリカに生まれて、さまざまな予言を行い、数々の出来事を的中させたといわれます。


もっとも彼女を有名にしたのがジョン・Ｆ・ケネディ大統領の暗殺予言でした。

１９５６年にジーンさんは以下のような予言をしました。

「**１９６０年のアメリカ大統領選で、民主党が勝利し、青い目の大統領が誕生する。だが、その大統領は任期を全うすることなく執務室で暗殺されるだろう**」

予言の年、民主党の青い目の大統領「ジョン・Ｆ・ケネディ」が当選し、彼は執務室ではないですが、テキサス州ダラスをオープンカーでパレード中に暗殺されました。

ジーン・ディクソンは、人類の未来について「**ハルマゲドンは確実に起こる**」と述べ、ヨハネの黙示録にある預言は現実に、それも現代に起こることを宣言しています。

特に２０２０年は光と闇との大きな戦いがあるとして以下のような予言を残しています。

「末日の善悪の大決戦が２０２０年に到来し、その時になるとニセ預言者、サタン、反キリスト者が人類と対陣して戦う」

末日というのは終末であり人類最後の日ということで、聖書のヨハネの黙示録に書かれたような終末の時を示しています。２０２０年はコロナが世界的なパンデミックを起こした年であり、まさにこの年から、本格的な黙示録の時代に人類は入ってきたと思います。

また反キリストが中東に現れるとも言っています。

そして彼女は共産党の怪物として、はやくから中国の脅威を訴えていました。

ジーンによれば、ハルマゲドン＝人類最終戦争の後、本物の救世主が現れて、２０３７年には愛と平和の千年王国が誕生するといいます。

彼女が日本に訪れた時、以下のような予言の言葉を残します。

「まず日本に変化が起こり、それが世界に波及することで、世界の人々は、日本人を畏怖するようになるでしょう。東洋の神秘的思想は壮大なスケールで全世界を席巻し、キリスト教世界に大きな変化を与える」

ほかにも彼女は以下のような予言を残しています。

「人類の希望は東方にある」

「世界を一変させる人が東方で現れる。彼は神の知恵を人に伝え、互いの愛で人類を一つにするために新しい大同世界を作り上げる」

「救世主が人間世界に降臨する」
「人類は救世主に対する忠誠な信仰を固め、そして生まれ変わる」

これはつまり本当の救世主は日本から登場してくることを意味しているのではないでしょうか？　先のヨハネの黙示録の解説や、ノストラダムスの予言も含めて考えると、そう考えられます。

ホピ族の予言「大いなる清めの日」と救い

ホピ族はアメリカ大陸に古くから住む先住民族です。ホピとは「平和の民」を意味しています。北アメリカの標高約2000mの台地（メサ）の上で暮らしています。

彼らは言い伝えにより、このメサの大地に眠る自然エネルギーが破壊されないよう、番人として長年、神聖な土地を守り続けています。

平和に暮らすホピ族には、数々の予言が残されており、今まですべて現実となってきたとして有名です。

ホピ族の神話によると今の世界は第四の世界なのだそうです。今までに3回、人類は滅亡を繰り返していると伝えます。第一の世界は火によって、第二の世界は氷によって、第三の世界は水によって滅ぼされた、と言われています。

過去の文明が滅亡した理由は、当時生きていた人間が傲慢になり、物質主義に囚われ、神様への畏敬の念を忘れたためと言われています。3回すべてで同じ理由により滅びていったのだそうです。

自らの力を過信し、物質に心を奪われた人類は、神様の怒りを買って、滅ぼされてしまいました。人類は今まで何度も破滅の道を歩んでいるのです。

かつてムー大陸やアトランティス大陸が滅亡していったのも、同じような理由です。

ですが、すべての人類が滅びたのではなく、ごく少数の神様を信じていた民は救われました。そうした神様に選ばれた民の末裔がホピ族だったのです。

ホピの言い伝えによれば、この大地に眠る鉱物資源は人々が戦争や破壊のためではなく、平和のために使用することを学ぶまで、誰にも決して掘り出させてはならないと警告されていました。

ですが彼らは古《いにしえ》より守り抜いてきた土地を離れないといけなくなります。

それはホピ族の土地に核爆弾に使うウランが大量に埋蔵されていたからです。そのことは重要な意味を秘めていますので後程紹介します。

ホピ族は彼らに伝わる予言に示された、現代文明が滅ぶとされる「大いなる清めの日」の予兆が整い始めたとして、それまで秘密にしてきた予言を公表することを決意します。

その予兆というのが日本の広島と長崎に投下された二つの原子爆弾でした。

ホピ族に伝わる予言には「灰がつまったひょうたん＝核兵器」が、白い兄弟（白人）によって開発され、その使用が現代文明の崩壊につながっていくと伝承されていました。

「川を沸騰させ、不治の病を作り出し、地面に草さえ生えなくする、凄まじい破壊力を持つ灰のつまったひょうたんが作られる」

原子爆弾が爆発すると、放射性微粒子が大量に放出されます。これを私たちは死の灰と呼んでいます。そして原爆は巨大なキノコ雲を発生させ、それはヒョウタンの形をしています。まさに〝灰のつまったひょうたん〟だったのです。

この地球上にある原子爆弾がすべて爆発したら、地球を何回も破壊するだけの量を持っていると言われています。核兵器の開発によって、人類滅亡のカウントダウンが始まったのです。そのスタート地点がほかならぬ日本の地でした。

しかも日本に投下された原子爆弾は、ホピの聖地から採掘されたウランを主材料として、ロス・アラモス原子力研究所で製造されたものでした。ホピ族の驚きと悲しみはいっそう深いものとなったでしょう。

日本に原子爆弾が投下された写真を見たホピ族は、いよいよ人類の滅亡となる大いなる清めの日が近づいたことを確信します。

そしてついに、ホピ族は１９７６年の国連総会でホピ族の予言について演説を行いました。再び人類が滅びの道をたどらないよう、警告する使命を果たすために。

それでは以下にホピ族の予言を紹介します。

「世界は白い肌の人間の文明が栄える。彼らはおごり高ぶり、まるで地上の支配者になったように振る舞う。白い兄弟は馬に曳かれる車に乗ってやってきてホピ族が幸せに暮らす土地を侵略する」

この予言は白人による世界の植民地支配と、アメリカ大陸での侵略のことでしょう。

「白人が大陸を占領してしまう。原住民を雷の棒で打つ」これは白人が銃によってネイティブアメリカンを撃つことを意味しています。

「大地の上で石の川が互いに交差する」これは道路網のことを示しています。

「大地は馬に曳かれない車の音が満ちる」これは自動車が誕生し世界中を走り回ることです。

「我々の土地を鉄の蛇が横切るようになる」これは鉄道のことを指しているとされます。

「我々の土地に巨大なクモの巣が張り巡らされるだろう」これは電線や電話線、インターネット網のことだと思われます。

「長髪の若者がたくさん現れ、原住民の生き方と知恵を学ぶ」

これは1960年代から流行したヒッピームーブメントのことを指しています。

ここまでのホピの予言は見事に的中していると思えます。

そして次の予言が現実となる時に、世界が滅亡すると言われているのです。

「天上にある天国の居住施設が地球に落下し衝突する。その時には青い星が現れて、その後ホピ族の儀式は幕引きとなる」

これは宇宙ステーションが落下する予言だとする説があります。

そして青い星が現れたら最後、この第四の世界は終わりを迎えるというのです。

さらに他の予言には、**「大いなる清めの日に、地球の両極に頭としっぽを置く2匹の巨大な蛇の頭を押さえていた軍神の力が弱まる」**というものがあります。これは北極と南極の軸が移動するというポールシフトではないかとされています。

ホピ族の予言では、こうした「大いなる清めの日」の危機について述べていますが、同時に救いの予言も残しています。それが以下の予言です。

「人類を滅亡に導く『大いなる清めの日』が訪れる時、
遠い世界へ旅立っていた白い兄が欠けた石板を持って戻り世界の邪悪から清め平和に導く。
白い兄は日いずる国から2人の従者をつれてやってくる。
一人は卍と十字の紋章を持つ
もう一人は太陽の紋章を持つ」

ホピ族には生き別れとなった兄の民族がいる、と言い伝えられています。

その白い兄は東の日いずる国へと旅立った、という言い伝えがあります。

この日いずる国とは日本であり、白い兄とは日本人のことでは、と言われているのです。

白い兄は次に誕生する第五の世界へと人類を導く存在です。

卍は仏教、十字はキリスト教を表し、太陽は太陽神である天照大神を主祭神とする神道であると考えられます。

つまり、日本から仏教とキリスト教と神道を統合したような救世の光が現れるとともに、天照大神の復権も含まれていると思われます。こちらもまた後の予言に繋がっていきます。

日月神示　三千世界の大洗濯、大峠の時

神典研究家で画家でもあった岡本天明氏は、戦時中の昭和19年（1944年）6月10日、麻賀《まか》多《た》神社の末社である「天之日津久神社」に参拝しました。その時、額にピリッとした衝撃と、右手に激しい痛みが襲ってきました。

もともと霊感の強かった岡本氏は、「これは自動書記ではないか?」と思い、持っていた画用紙に手を乗せると、本人の意思とは関係なく、すごい勢いで意味の分からない記号や文字を書き

なぐり出しました。

これが『日月神示』と言われるもので、日本の敗戦を予言し、その後の復興などを予言するなど、注目を集めるものとなっていきます。

ちなみに自動書記というのは、何者かの霊的存在によって、地上の本人の意思とは関係なく書かれる文章のことです。

この時、岡本氏が書いた自動書記は、数字や記号、仮名の混じった、一読して意味の分からない文です。その時に降ろされた神示は以下のようなものでした。

「二二八八れ十二ほん八れ　㋹の九二のま九十の㋹のちからをあら八す四十七れる」

続いて、

「卍も十も九も八きりたすけて七六かしい五くろうのない四かくるから　三たまを二たんにみかいて一すしのま九十を十四て九れ四　いま一十九十六あるか　九の九六八三たまを三かいておらぬ十こせぬ　九の四八まって二十十七一九六てある」

ご覧の通り、すぐには意味が分からないものとなっています。この文は重要なので、後ほど解説いたします。

神示がはじまったのは日本が敗戦する一年ほど前になりますが、すでに日本の敗戦や東京が焼け野原となる予言が降ろされていました。

原文を解釈したものが以下になります。

「日本の国は一度つぶれたようになるのざぞ。一度は神も仏もないものと皆が思う世が来るのぞ。」（上つ巻第九帖、昭和19年6月17日）、**「東京も元の土に一ときはかへるから、その積りでゐて呉れよ。神の申したこと違はんぞ。」**（上つ巻第十一帖、昭和19年6月19日）、**「江戸が元のすき原になる日近づいたぞ。」**（下つ巻第十六帖、昭和19年7月21日）と記されています。

結果はご存知のように、神示に記されたとおり東京は焼け野原となり、敗戦国の日本は荒廃しました。

さらに終戦の二カ月前には以下のような神示が降ろされます。

「偉い人皆俘虜（とりこ）となるぞ。夜明け近くなったぞ。夜明けたらなにもかもはっきりするぞ。夜明け前は闇より暗いぞ慌てるでないぞ。」（松の巻第七帖、昭和20年6月23日）

これにより日本の敗戦が近いこと、戦後には東京裁判により戦犯として指導者らが逮捕されることも予言されています。

神示の中では、これから地球に起こる途方もない大災厄や大試練を「三千世界の大洗濯」や「大峠」と呼んでいます。それらは私たちの住む現界＝この世の世界のみならず、霊界なども含めたすべての世界に等しく起こるとされ、森羅万象のうち何ひとつそれから免れるものは存在しないと言っています。

先に紹介した数々の予言にもある通り、これから人類に大試練が訪れるとする予言は同一であり、さらに試練を越した未来には、素晴らしい世になるという希望も述べられています。

この日月神示を降ろされた神様は、日本神話に登場する「国常立尊」だったと言われています。

それでは、先に紹介したはじめの神示の原文を解説していきたいと思います。

「二二八八れ十二ほん八れ　㋹の九二のま九十の㋹のちからをあら八す四十七れる」

これは次のように解読されています。

「富士は晴れたり日本晴れ　神の国のまことの神の力を現す世となれる」

続いての文

「卍も十も九も八きりたすけて七六かしい五くろうのない四かくるから　三たまを二たんにみかいて一すじのま九十を十四て九れ四　いま一十九十六あるか　九の九六八三たまを三かいておらぬ十こせぬ　九の四八まって二十十七一九六てある」

こちらは以下の通り。

「仏もキリストも何もかもハッキリ助けてシチ難しい御苦労の無い世がくるから　ミタマ（御魂）を不断に磨いて一筋のマコトを通して呉れよ　今一苦労あるが　この苦労はミタマを磨いておらぬと越せぬ　この世始まって二度とない苦労である」

この意味は、

「真の神が世に出現して、すべてを助け何の苦労もない理想的な世界＝ユートピア世界がやがて

来る。その前には人類は未だかつて経験したこともない大災厄や大試練を迎えなければならない。それを超えるためには魂を不断に磨いていなければ助かることができない」

という内容になっています。

やがて世界は大きな試練の時を迎えますが、それを乗り越えると日本晴れが世界を神の国に変え、つまり日本の光が未来の世界を立て直し、理想的な世界に変えていくというものです。

そして人々は心を磨き、正しく生きなければ、未来には生きられないと説きます。

そのほかにも日月神示では、「**一つの王で治めるのざぞ。天津日嗣の御子様が世界中照らすのぞ」「神が世界の王になる。てんし様が神と判らん臣民ばかり」「日本のてんし様が世界まるめて治しめす世と致して、天地神々様にお目にかけるぞ」「てんし様の光が世界の隅々まで行き渡る仕組みが三四五（御代出づ）の仕組みぞ、岩戸開きぞ**」という神示もあります。

つまり日本から偉大な神人が現れて、世界を明るく照らしていく世の中が来ると述べています。

天津日嗣というのは、天津神であり日の神である天照大神の位を受け嗣《つ》ぐ、という意味から、天皇の位を言います。

ただ、私のほうで感じることでは、偉大な神人が現れて、世界の光となっていくことの予言であると思われます。

❹ スピリチュアルから見た霊的な日本の役割

日本はユーラシア大陸の東の果てにあり、海を越えて西洋と面する位置にあります。東洋文明の終着地点であり、西洋文明の入ってくる地域となっています。西洋と東洋の両文明の融合し合う地であり、両文明に対して影響をもたらす重要な位置にあります。

そして地球の精神文明で日本と共に、もう一つの重要な地が、チベットです。スピリチュアル的に見ると、チベットは人口に比類して霊的な覚醒者がたくさん輩出された地域でした。そのチベットが唯物論国家である中国に占領され、信仰や思想の自由が弾圧されています。

唯物論国家は、神様やスピリチュアル、霊的なものを信じる思想を認めません。中国の侵略によりチベットは宗教的、スピリチュアルな指導者は存在を許されなくなったのです。

中国の言い分としては、チベットは階級社会で農民が奴隷のように扱われている状態から解放し、平等な社会を作り経済発展させてあげたのだという勝手な主張をしています。

宗教というものは迷信で、そうした迷信を利用して国民を支配していたのだという理屈です。解放戦争であるなら、その後も占領し続け、チベットは自国の領土と主張するのは成り立たないでしょう。

このように、中国は相手国を悪い国と決めつけて、侵略を正当化しています。現在も、日本に対して過去の大戦を例に「罪深く、悪い国だ」というレッテルを必死に貼ろうとしています。それによって、国内の不満を日本に向けて、共産党の求心力を強める考えです。日本国内でもそうした戦略に乗って、中国に肩入れしているメディアは多いと思います。もしそれが続くならば、日本はチベットのように中国の植民地や属国になる運命をたどるでしょう。チベットは霊的な覚醒者が多いと言いましたが、日本も世界のスピリチュアルな中枢地となる予定の地域であります。ヨハネの黙示録でも述べたように、日本から現れる救世の光を、赤い龍であり悪魔である中国共産党が飲み込もうと狙っているのです。

そのように霊的に重要な地域を狙って、罪悪感を植え付け、支配し破壊しようとする、闇側の勢力が働いています。両国を破壊し、抑圧的な社会、人々を家畜のように管理していく世界システムを、構築していこうと狙う働きがあります。

そしてチベットと日本とは現代遺伝子研究の結果、とてもつながりの深いことも分かっています。父系の先祖をたどるY遺伝子を調べると、日本人に特徴のあるYAP（ヤップ）遺伝子を持った者が人口の約40％います。隣国の中国や韓国などにはほぼ見当たらない遺伝子なので、日本人のルーツはこれらの大陸とはだいぶ違うものだと考えられます。

この日本人の多くが持っているＹＡＰ遺伝子を持っている民族が、実はチベット人です。チベット人のＹＡＰを持つ割合は約50％とされています。日本とチベットは遠く離れていますが、おそらく元々のルーツが近い者たちだったのでしょう。

そしてもう一か所、ＹＡＰ遺伝子を持つ民族がいます。それがユダヤ人です。

全世界のユダヤ人の20～30％がＹＡＰ遺伝子を持っていると言われています。

ユダヤ人はご存知のように、旧約聖書を信じ、数々の預言者を輩出した民族です。出エジプト記のモーゼや預言者エリヤ、キリスト教のイエスもそうですし、上記の黙示録のヨハネをはじめ、初期キリスト教徒もユダヤ人たちでした。

そして天才を多数輩出している民族でもあります。ユダヤ人は世界の人口のわずか０・２％であるのに対し、ノーベル賞受賞者のうち、ユダヤ人が占める割合は20％超にもなると言われています。

このユダヤには、歴史的に失われた十部族というものがおり、世界に散らばり行方不明となっています。

日本人と同じＹＡＰ遺伝子を持つもう一つの民族、チベット＝ビルマ語系の羌族（チャン族）にはこのような言い伝えがあります。

羌族は自分たちを「アブラハムの子」と称しており、その父祖には12人の息子がいたといわれます。旧約聖書の記述にはユダヤ人の父祖とされるアブラハムに12人の息子がいて、それが後にユダヤ十二部族になったとされています。両者の伝承は一致しているのが分かります。この十二部族の内の十部族が、行方不明になっていると言われている部族です。

この羌族はかつてユダヤの地から消えた十部族の末裔ではないかと言われております。

そしておそらくは、日本にも古代に失われた十部族が渡ってきて、日本人の起源の一つとなったのではないかと思われます。日本とユダヤが同一の先祖を持つとする日ユ同祖論は、この本の主題ではないので省略します。

数々の預言者や天才を輩出したユダヤ人。そして霊的覚醒者の多いチベット。これらと共通の遺伝子を持つ日本人。その日本に救世の光が危機の時代に現れると数々の予言で伝えられています。

霊的に見れば日本は大変重要なキーとなる地なのです。

これまでの予言を紐解いてきたように、世界規模の災害が起こるなかで、この日本の地に救世の光が宿っており、それがやがて世界を救うこととなるでしょう。

それはイエスの父と呼ばれる存在の可能性があり、それはつまりトート神でありヘルメス・トリスメギストスを指します。

そのように、世界的にも日本の存亡は非常に重要な問題となります。

日本が世界の未来において、重要な役割を果たすためにも、侵略しようとする意思へ同調してはなりません。

気をつけなさい、彼らは羊の皮をかぶって、あなた方のもとへとやってきます。

人々に耳あたりのよい、平和や反核や自然保護などの名目で、人々を取り込もうとします。

よく目を覚まさねばなりません、子供たちよ、彼らの運動の背後にある思惑をしっかりと見定めなさい。

そして新たな精神文明の時代を開く担い手となりなさい。

第6章

今の時代こそ大切な霊的真理

❶ 私たちの住む仮想現実（マトリックス）の世界

映画『マトリックス』は世界で大ヒットした映画で、ご覧になられた人も多いでしょう。キアヌ・リーブスが主演を務めた同作は、１９９９年に公開されました。

主人公ネオはソフトウェア会社に勤める平凡な会社員なのですが、最近は起きているのに夢を見ているような感覚に悩まされ「この現実世界は、ひょっとして夢なのではないか？」という漠然とした違和感を抱いていました。

そこへ謎の人物と遭遇し、彼から「真実の世界を見たいか、それとも今、現実と思っている世界に残るか？」と選択を迫られます。

真実を見ることを選んだネオは、今まで現実だと思っていた世界が、実は仮想現実の世界だったことを知ります。

今まで日常を送っていた世界は、実は幻であり、機械によって作り出された世界を現実のものとして見せられていたのです。

これはフィクションの映画ではありますが、真実も表しています。

つまり、私たちが現実と思っているこの物質世界は、実は仮想現実の世界であり、私たちは夢の中のように、この仮の世界を体験しているのです。本書冒頭で述べましたように、夢こそ現実であり、現実と思っている、この世界こそ仮の世界＝夢なのです。

そして私たちの真実の姿とは、肉体を持たない霊的存在であり、それはつまり、思考するエネルギー体こそが真実の姿なのです。その魂とも呼ばれる本質が、物質界という仮想世界で体験を積むために、本来の姿の記憶を消して、地球に生まれてきています。

そして私たちは、ここが仮想世界だと分からずに生き、仮想世界での暮らしこそすべてだと思って過ごしています。

仮想世界という舞台の世界で「お金持ちの役を演じたい、美人の役をしたい、みんなから注目を集めたい」などと願って生きます。

ほかのたとえで言えば、この世はゲームの世界のようなものでしょう。ＲＰＧ（ロールプレイングゲーム）では主人公が弱い状況から、徐々に経験値を積んで強くなり、冒険をしていく中で武器や防具をそろえ、仲間を増やしていき最後の敵を打ち破ります。

このように人間もはじめはすべての記憶を失った状態の、経験値がゼロの状態からはじめ、徐々にレベルアップしていきます。そして積み上げた経験値を元にして、魂の課題にチャレンジするのです。

ひとつのゲーム（人生）をクリアーしたら、また別なストーリーのゲーム（来世）に取り組み、またゼロからはじめていきます。

次のゲームをする時には、前のゲームでの経験値を引き継がずに、またみんなゼロから始めます。人間も生まれ変わりを繰り返す時には、過去の知識を一端ゼロにしてから、また新しい人生を体験します。そのほうがみんな楽しく遊べるからです。

前のゲームの経験値を引き継いでいくとなると、先に進んでいる人と、まだ経験値が少ない人の間には大きな差が出てしまいます。そうすると経験値の少ない人は、先に進んでいる人に、もう勝てないと思って努力するのが嫌になってしまうでしょう。高いレベルからゲームをはじめる者も、簡単にクリアーできてしまうため、面白みも減ってしまいます。

そのためゲームも、またゼロからはじめるようになっています。

仏教の世界でも早くからその事実を伝えており、この世は仮の世界だと説いています。

真実の世界を知ることは、マトリックス世界の幻想を知ることなのです。

❷ 哲学者プラトンが示した真実の世界

その真実を指摘しているひとりが、古代の哲学者プラトンです。

プラトンというのは、ソクラテスの弟子にして、アリストテレスの師匠にあたります。ソクラテス、プラトン、アリストテレスによって、西洋哲学は大きな山脈を作り、現代まで流れています。

イギリスの数学者・哲学者のアルフレッド・ノース・ホワイトヘッド氏によれば、「西洋のすべての哲学はプラトン哲学への脚注に過ぎない」とまで言い切っています。それだけプラトンの哲学は後世に多大な影響を与え、哲学で取り上げられる命題は、プラトンがすでに取り上げているものとなっています。

プラトンの哲学で有名なものとして「イデア」があります。イデアというのは、理想像であるとか、物事の本質、真理、完全なものと訳されます。

この世の物というのは、すべてイデアの影であると言えるのです。これを説明するのに、有名な洞窟の比喩があります。

あなたは生まれた時から大人になるまで、ずっと首や手足を固定されて、洞窟の壁に向かっていると想像してください。つまりあなたは生まれてからこの方、ずっと洞窟の壁しか見えないのです。

そしてあなたからは死角となる背後で、松明《たいまつ》の火が燃えています。その松明と、後ろを向いているあなたの間には、一本の道があって、そこをいろんな動物や馬車などが通り過ぎていきます。

すると松明に照らされた動物の影が、あなたが見ている洞窟の壁に映ります。あなたはずっとその動物の影だけを見て生きています。生まれてからこの方、影しか見たことがなければ、あなたはその影こそが本当の実在の姿と思ってしまうでしょう。

そのようなあなたが、生まれて初めて縛りを解かれて、洞窟の外に出てみたとします。そこはとても明るく、本当に存在する動物などの姿を目にします。それは影のように黒くて平坦な存在ではなく、立体的で豊かな色彩を持つ生き物の姿です。ほかにも植物や自然の姿など、あなたが見られなかった実在の姿がそこには存在しています。

今まで見てきた影は実在の姿ではなく、本物の影にしか過ぎなかったことが分かるのです。

この比喩で言う本物の姿というのがイデアと呼ばれるものです。

プラトンは私たちが見ていたものは、そのイデアの影に過ぎないと説いています。

この世の物というのは、誕生しては滅び、そして絶えず変化しています。私たちの肉体であっても、ずっと同じものだと思い込んでいますが、実は誕生からずっと変化しており、もともと生まれ持っていた時の肉体とは、すべて入れ替わっています。

今も絶えず、私たちの体は入れ替わりつつあるのです。

しかし、その背後には、私という変化しない主体があるように思えるはずです。

変化する現象界＝この世の物の背後には、永遠に変わらないイデアがあるのです。そのイデアこそが真の実在であって、この世というのは不完全な仮の世界に過ぎないとプラトンは説きます。

これは分かりやすく言えば、この世というのは仮想現実の世界であって、私たちが本物の世界と思っているこの物質世界は、あの世の影のような世界に過ぎないのです。

あの世こそ本当の世界であって、私たちはその影に映った物質世界を本当の世界と思い込んでいるのです。それをプラトンはイデア論として説明していたのです。

プラトンはあの世を知っており、私たちの本質は輪廻転生を繰り返す不滅の霊魂だと説いています。

3 科学レベルで見た、入れ替わる〝私〟

プラトンが述べた、この世の物質は変転しており、その背後に眼に見えない変わらないものがあるという話を、科学レベルで説明してみましょう。

私たちの身体は、二つのレベルで、たえず入れ替わり、留まることのない変化の中にあります。固定された実体だと錯覚してしまう私たちの身体は、実はたえず変わっていて、留まることがありません。

・細胞レベル

人間のからだは「細胞」という小さな組織が集合してでき上がっています。

一人の人間の身体には、約60兆個の細胞があって、その一つ一つの細胞が、呼吸をし、エネルギーを代謝して生きています。

いわば人間の身体というのは、60兆個の小さな生き物の集まりとも言えます。その細胞たちは、絶えず新陳代謝を繰り返しています。新陳代謝というのは、古い細胞が死んでいき、新しい細胞が生まれてくることを意味します。

諸説ありますが、各器官の細胞は、以下の日数で入れ替わっているとされます。

・皮膚　28日
・胃腸　400日
・筋肉　60日
・肝臓　60日
・血液　127日
・骨　　200日
・腎臓　200日

私たちを形作る細胞は、たえず入れ替わっていっているのです。

・分子レベル

次に分子レベルでの入れ替わりをお話しします。

食べ物を口に入れると、それが身体の分子と入れ替わりを起こし、入れ替わった分が排出されていきます。そうして私たちの身体は、生まれた時に身体を作っていた物質は無くなり、すべて入れ替わっています。

これはルドルフ・シェーンハイマーの実験によって確認されたものです。

シェーンハイマーは成熟したネズミに重窒素でマークしたロイシンというアミノ酸を含む餌を与えました。当初、成熟したネズミは体を大きくする必要がないので、摂取したアミノ酸は生命活動のためのエネルギー源となり、残りはほとんど尿や糞として排泄されると予測していました。

しかし、実際の結果は、尿・糞として排泄されたのは投与量の29・6％だけ、56・5％は体を構成するタンパク質の中に取り込まれていたのです。取り込まれたものは、身体のさまざまな場所に分散されていました。

つまり人間の身体も、取り込んだ食料の物質と、元の身体を構成していた物質が入れ替わり、凄いスピードで変わっていたのです。

肉体と魂

このように細胞レベルでも、分子レベルでも、私たちの身体は入れ替わっています。

昨日のあなたの身体と今日のあなたの身体は少しずつ違っているのはもちろん、数年もすると身体のほとんどが別な物質に入れ替わっているのです。

まるで川の流れのように、身体を構成する物質は、過去へと流されていきます。目の前にある川は、昔と同じような姿をしていると思っても、過去に見た水と、今流れている水は別なものです。

そのように私たちの身体も川のように、その構成する水（肉体）は入れ替わっています。日々に入れ替わっている私たちの身体ですが、私たち自身は過去から現在まで、引き継がれているのを自覚しているでしょう。肉体を構成している物質が入れ替わるからといって、少しずつ自分が別なものに入れ替わっていると感じることはありません。そこには身体が変化しても、変化しない自己の主体が別にあるからです。

過去から現在まで続いていると感じる実体は統一された意識にあり、その人間の意識というのは、実は思考するエネルギー体であり、魂と呼ばれるものです。

肉体を構成する物質が変わっても、私という実体が変わるわけではないように、今世の肉体を脱ぎ捨てて、来世で別な身体に生まれ変わっても、私の魂はあり続けます。人は輪廻転生を繰り返す魂こそ主体であり、それは肉体が変わったとしても魂そのものは同一のものです。

この世のものは、絶えず変化の中にあって、永遠不変のものは無いのだと説かれたのは、2500年も前の仏陀です。

仏陀は「諸行無常」と説かれました。

この現実の世界のあらゆる物は、絶えず変化し続け、永遠なるものは一つもないということです。

では、すべてが変化して、永遠なるものは何も無いかというと、そうではありません。この世の物事は絶えず移ろいますが、真実の世界、実相世界においては、永遠なるものがあります。

人は真実の世界・霊的世界のことを忘れてこの世へと降り立ってきますが、微かな記憶の中で永遠なるものの思い出が残っており、それゆえに永遠なるものを追い求めていくのでしょう。

この世には永遠不変のものは無く、あの世にこそ永遠なるものは存在しています。

❹ 身体を超えて考える魂が人間「我思う、ゆえに我あり」

私たちの本質は思考するエネルギー体だという話をしました。それを説明するのに、もう一人の哲学者を紹介ます。

フランス生まれの数学者であり、近代哲学の祖とされるルネ・デカルト、彼の有名な言葉に「我思う、ゆえに我あり」という命題があります。

彼の著作『方法序説』に登場する言葉ですが、哲学の歴史の中で、もっとも有名な言葉ではないでしょうか。

デカルトは真理を探究するうえで、まず、すべてのものを疑ってかかりました。

真実ではないものをすべて排除して、もっとも疑いようのない正しいものを残し、そこから出発しようとしたのです。

疑いのはじめに組上《そじょう》に上るのが肉体感覚です。

人が目にするもの、耳にする音、手触りや、味覚など、これらはしばしば錯覚を起こすことはみなさんもご存知でしょう。

よく騙し絵などで、本当とは違って見えるものを体験したことがあるはずです。一方が長く、もう片方が短く見えた線も、実際には同じということがあります。

左の図も、真ん中の線の長さは一緒なのですが、人間の目には違って見えるはずです。

このように人間の肉体感覚というのは正確ではなく、目に見え、耳に聞こえるものは不確かなものと言えます。

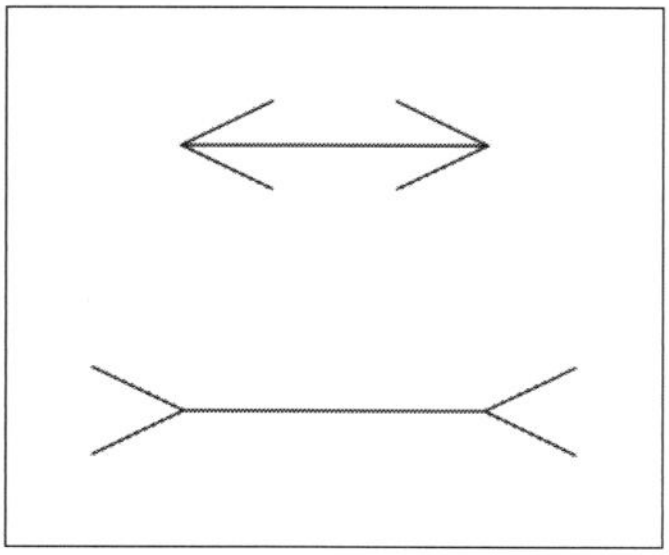

さらに数学的正しさと言うのも、一見すると普遍の真理のように思えますが、後になって間違いだと気づくこともありますので、これも除いていきます。

そして私たちが真実と思っているもの、正しいと思っているものも、「実はすべて悪霊によって騙されてしまっているかもしれない」とまでデカルトは疑います。この世界に生きていると思っている私たちも、実は悪霊のような存在によって、まったく違った現実を見せられているのかも知れないということです。

現代で言えば、私たちが生きているという感覚も、実はスーパーコンピューターのようなものに繋がれ、極めてリアルな仮想現実を見せられているのかも知れないのです。繋がれている私たちにはそれを知るすべがありません。

するとあらゆることが疑わしくなり、何も信じられなくなってくるはずです。

しかし、デカルトは疑惑の海のなかで溺れそうになりながら、ふと気づきます。

「このように疑っている時にも、その疑っている自分自身は存在する」という真実。

考えている自分そのものは絶対的に確かな存在だとする確信が芽生えます。

これが有名な『我思う、ゆえに我あり（cogito ergo sum）』に繋がっていくのです。


思考する私は実体であって、その本質は考えるということにあります。つまり私が存在するためにはどんな場所も必要とせず、いかなる物質的な物にも依拠しません。私という魂は、肉体から離れて存在しており、たとえ肉体が滅んだとしても存在していると言います。

このようにデカルトは有名な彼の言葉から、人間の不死性を証明しようとします。

人間の本質とは考える自分であって、物質的な物ではありません。だからたとえ肉体が滅んだとしても、考える自分は不死であるということです。

デカルトの訴えたことは真実であって、人間は肉体を離れても存在し続ける魂が本質です。人間の本質とは思考するエネルギーであり、エネルギー保存の法則の通りに、エネルギーは消滅することはなく存続します。

デカルトも宇宙において運動の量（quantitas motus）の総和は保たれているとして、エネルギー保存の法則を主張していました。現在ではエネルギー保存の法則は、「もっとも基本的な物理法則の一つ」と考えられています。これを前提としなければ、物理は成り立たないくらいの基本法則です。

私たちの意識である思考体もエネルギーであり、エネルギーは消滅することはないのです。エネルギー保存の法則は、エネルギーは消滅したりせず、別な形に変化することはあっても、その総和は等しいことを示しています。

私たちの本質は思考するエネルギーであり、永遠に生きる存在です。エネルギーは姿かたちを変えても、永遠に存続し続けるのです。

ちなみに、私は子供の頃、実は自分は、まったく別な姿をしており、高度な機械の中で寝かされ、地球人の〝私〟としての夢を見させられているのではないか？　と疑っていたことがあります。

映画の『アバター』という作品で、下半身が不自由な主人公の男性が登場します。彼はある機械の中で眠らせられ、宇宙人の体の中に意識を入れるウォーク・インが行われます。ウォーク・インをすると、地球人の主人公は青く大きな宇宙人の体を自由に動かせ、その体が感じる感覚を体験することができるのです。体の不自由だった主人公は、この装置を使い、宇宙人の体に入って自由に手足を動かせます。

私が子供の頃に見たビジョンも、それとそっくりなものだったと思えます。ひょっとしたら私の意識は、別な星に生まれた、地球人とは全く異なる存在で、今は機械を使って地球人の体の中に入って人生経験を積んでいるのかも知れません。

普通の方には荒唐無稽な話に聞こえるでしょうが、それが真実の姿なのかもしれないのです。最先端の科学では、私たちがとらえている現実の感覚とは、まったく離れた宇宙の真実の姿が現実だと分かってきています。

5 この世の生だけではないもの

これからの厳しい時代についても述べてきましたが、それはあくまでこの世的な問題でもあります。この世での生命や健康、生活など、肉体を持った人間に訪れる危機です。

しかし、上記でも述べましたように、私たちは魂こそ本質の存在です。肉体に一時宿り、人間としての経験を積んでいるに過ぎません。また時が経てば元の光の世界に帰っていきます。

たとえ危機の時代を乗り越えたとしても、人はいずれ何らかの理由でこの世を去ります。誰一人、死から逃れられる者はいません。

かつて絶大な権力を持った秦の始皇帝も、不老長寿の妙薬を手に入れようとしましたが、結局は旅の途中で死んでしまいました。どのような権力者や大富豪であろうとも、死は等しく訪れるのです。

大切なのはこの世の危機をいかに乗り越えるかではなく、いかに生きて来世の幸福に繋げていくかです。

人々が探し求めていた永遠の世界は、死の先にこそあります。始皇帝は不死の薬を求めて、海の先にあるとされる幻の蓬萊山に方士の徐福を送りました。ですが真の永遠性は来世にこそあるのです。

私たちの魂は過去世から現世、そして来世まで貫いて生きる命であり、この世の生は、ほんの瞬き程度の一時の出来事です。悠久の時間、転生輪廻を繰り返し、生と死が水車のように回転する時の中にいます。

この地球での生まれ変わりだけでなく、別な惑星での転生をも繰り返し、何度も何度も生まれては死に、死してなお生き通しの人生を生きます。

肉体に宿ると、五感によって感じ取る世界しか分からなくなります。そのため人は暗闇の中を手探りして這うように、地上世界で迷いながら生きています。この肉体こそすべてであり、それが失われれば何もなくなると思い込んでしまいます。

しかし、肉体感覚を超えた先に、霊的世界は広がっており、そちらこそが本当の世界です。私たちけして幽霊話に出てくるおどろおどろしい世界ではなく、光あふれる輝かしい世界です。私たちはほんの一時期だけ、苦労を買ってこの世に生まれ、魂の学びを経験します。

さまざまな危機や困難が来るとしても、私たちにはこの世の生だけではない真実があります。私たちは生き通しの生命であり、人の死は命の終わりを意味するものではなく、魂は不滅であり、永遠に続くということです。

どうかその真実を少しでも多くの人に知っていただきたいと思います。

おそらくそれが、これから訪れるアースチェンジの意義でもあります。

❻ あの世に持って帰れるのは心だけ

霊的な真実として、私たちが知っておくべき大切なことがあります。

それは、私たちは肉体が本質ではなくて、この身体に宿っている魂こそが、私たちの本当の姿だということです。

私たちはいつか肉体を脱ぎ捨てて、光の世界へと帰っていく存在です。私たちの本質は光であり、やがて光の世界に帰らなくてはなりません。その時には、肉体も、この世で得たお金も土地も、地位や名誉も、あの世に持って帰ることはできません。

この世でしか通用しないものは、あの世の世界には持って帰れないのです。

この地上に肉体に宿って生まれるのは、ほんの一時の旅をしているようなものです。やがては旅も終わり、故郷に帰る時が来ます。いくら旅先が気に入ったからと言って、ずっとそこに住むことはできません。

みんなで旅に出て、現地で集い、また一人一人帰ってきます。

故郷に持って帰れるのは、旅の思い出だけです。旅先でどのような思いを持ったか、何に感動し、何を学んだか、心に刻んだものだけが持って帰れます。

旅先で得た物もお金も、地位や名誉も、故郷に帰る時に渡る川に捨てていかなければその川を渡れません。旅先の物を持っては、三途の川は渡れないのです。

それゆえにこだわりを捨て、執着を断てと仏教では教えられます。執着を持った者は、故郷への橋を渡れず、旅先にも帰れずに、その中間でさ迷うこととなります。

あまりにもこの世のものに執着した場合は、光の世界に帰れず、地上世界を彷徨《さまよ》う幽霊となってしまう方もいます。自分が生前に得た土地やお家に執着し、ここは自分の物だと言い張って、地縛霊と呼ばれる存在になってしまうことがあります。

あの世には、そうしたこの世でしか通用しないものは持って帰れないため、執着を断たねば、綺麗に上がれないのです。そうした霊的な真実があるため、お釈迦様は執着を断つ教えを説かれたのだと思います。

お釈迦様は、この世のものは移ろい行くものであり、諸行無常であると説かれました。この世のものは、つかもうとしても手の隙間から落ちていく砂のように、ずっとあり続けることなく、いつかは自分のもとから去っていきます。

この世の乗り船である肉体も、いつまでも若くて健康的な身体を維持することはなく、いつかは衰え、病が現れるでしょう。若くて美しいと言われていた人も、いつしか肌にはシミやしわができて、衰えていくのを感じることとなります。

この世でたくさんの富を得た人も、いつかはそれを失う時が来ます。この世で成功して、たくさんの人から称賛された人であっても、いつしか人々から忘れ去られ、かつての栄光を失う時が来ます。

この世の物事は、いつまでも留まることはなく、川の流れのように時とともに流れ去っていくのです。そのため、いつまでもしがみ付いていると、執着となり苦しみを生んでいきます。

では、あの世に持って帰れるものとは、いったい何でしょう?

あの世に持って帰れるもの、それは、あなたの心であり、思いの傾向性、そして何を信じたかです。あなたがどのような心を持っているのか。何を信じ確信して生きてきたか、その性質や特徴は、来世まで持ち越していきます。

善良な心をもってあの世へと旅立てば、善良な人々の暮らす霊界へと赴きます。自分の欲を叶えるためなら、人から奪ったり傷つけたりしても当然と考えている人は、同じような他人を思いやれない者たちの住む、暗い霊界に降りていきます。

結局は、この世に生きている間に、どのような心境を維持して持っていたかによって、その心はあの世の世界の通行手形になるのです。いくらこの世で肩書や名誉ある職にあっても、総理大臣だろうが大企業の社長さんであっても、霊界では通用しません。ただその心の性質こそが、あの世でのパスポート役や、身分証明書となるのです。

心という身分証明によって、光の世界に帰っていくのか、落第生として、魂の再学習のための暗い霊界に降りていくのか分かれていきます。より偉大な心をもってあの世へと旅立った方は、光の世界でも高次の世界である、高級霊界へと帰っていきます。

そうした方は、天使や菩薩と呼ばれる偉大な魂の持ち主です。彼らは必ずしも、この世では有名人であったり、数々の賞を取る著名な方ではありません。

人知れず、その清らかな心や、愛にあふれる思いを持たれて、無名で亡くなった方も多くいます。

宮沢賢治さんなども、作品が有名になったのは死後においてであり、詩人の草野心平氏が賢治の童話を世に出すべく、死後に「宮沢賢治全集」を出版したために話題となります。彼が亡くなった後に世に広める努力をされていなければ、賢治も無名の人として消えていたでしょう。賢治さんは仏教で言うところの菩薩、西洋で言う天使の魂を持ってこの世に降り立った方でした。

そのように、この世的にはたとえ無名の人生を歩もうとも、その心が光り輝いていたなら、高次な霊界へと帰っていきます。

心が暗く、自我によって曇りだらけなら、この世でどれだけ有名になろうとも、偉大な人物として尊敬されようとも、あの世で帰っていく世界は、暗く厳しい場所となります。

あの世に持って帰れるのは、どのような心境かであり、この世で自らの心をどれだけ統御し、良き性質へと変えていったかが問われます。そのために、この世において自らの心を良きものへとしていく努力や、心の修行が大切になってきます。

自らのエゴに向き合い、我欲で人を傷つけてしまっていないか。もっと人のために役立つことはできないか。自我を矯《た》めて愛を持つように、心を統御していくことで、それだけよいものをあの世へと持ち帰ることができます。

7 私たちが地球に生まれてきた理由

青く輝く地球は、暗い宇宙の片隅を、宝石の光のように照らしています。

この宝石に似た地球に、多くの魂が生まれ変わりを望み、誕生してきます。光の世界にいた魂が、人間の肉体に宿り、人類として生まれて、経験を積んでいきます。

私達もまた、遠い星から来た者、地球で長年転生を続ける魂など、幾億の魂が集い、この地球に生まれ変わってきました。

地球はたしかに美しい星ですが、現象世界にあるために、波動が重く、圧力の高い世界でもあります。霊的世界においては、何不自由なく暮らせる私たちですが、地上に降り立つことで、物質世界の重しを背負い、厳しい制約の中で過ごさなくてはなりません。

例えるなら、自由に空を飛ぶ鳥たちが、甲羅を被った蟹に生まれ変わって、水圧のかかる、暗い深海に暮らさなくてはならないようなものです。

明るく澄んだ空の上を、自由に飛んでいた鳥たちが、蟹になって深海で暮らさなくてはいけなくなったら、きっとストレスも大きなものとなるでしょう。空で自由に過ごせていた日々を覚えていたなら、海底の生活はとても馴染めず、ストレスですぐにダメになってしまいます。

そのため私たちは、空での記憶を置いてきて、この地に生まれて来るのです。そしてすべてを忘れて、この深海のような暗くて、重い世界に生きます。


どうして私たちは、空の自由な世界から、地上の厳しい世界に降りてくるのでしょうか？

それは空では体験できない辛さや苦しさを経験するためでもあります。厳しい環境だからこそ、魂は鍛えられ、成長していけるのです。

何の抵抗もない世界では、私たちは進化向上していくこともできません。試練と負荷の多い世界にあるからこそ、私たちは鍛えられていくのです。

この世の苦難や困難と思えるものは、実は、魂を鍛えるために現れた、トレーニングマシンのようなものです。人間も重さの無い、無重力の宇宙に行くと、筋肉が衰えてしまい、地上に降りた時に歩けなくなってしまいます。重力という負荷があるからこそ、地球では知らず知らずのうちに筋肉が使われ、私たちは衰えずにいられます。

このように筋肉も鍛えなければ衰えていくように、魂も自由な空の世界に、ずっと居続けると、次第になまってきてしまいます。そのため負荷の強い地球へと再び生まれて来るのです。

地球でさまざまな、辛く厳しい体験を積むことで、魂は鍛えられ、成長を遂げます。そうしてまた空へと帰っていくのです。

8 地球に光を灯す人となるために

世の中が暗くなる時には、光を灯す者が必要です。

次第に日が沈み、辺りが見えにくくなると、転んでけがをしたり、悪いものが徘徊してきて、犯罪に巻き込まれたりしてしまいます。

そんな中で、光が煌々《こうこう》と灯っていることで、人はその光を頼りに、道を踏み外すことなく生きていけます。

世界が暗くなる時には、光を灯す人が必要になってきます。

でなければ人は、正しい道を踏み外してしまい、魂を傷つけてしまうからです。

光を灯す人となるためにはどうしたらよいでしょうか？

それにはまず、人々のためになろうとする愛の思いが必要だと思います。

光が自らの顕示欲のために、煌々と照っていたら、その光は周りを焦がす光となっていきます。

世間でよく輝いていると言われる人たちがいます。しかし、それらの者たちのほとんどは、自らを誇示する光を発し、周囲を焼き焦がしている者たちです。

そうではなく、人々のために明かりを灯す気持ちが無ければ、本当の光を灯す人とはなりません。

愛の光は、人々を照らし、温めてくれます。

そして光を灯すためには、真理を知っていること、目覚めていることが大切です。

いくら愛をもって人のためになろうとしても、間違った方向に導いてしまったなら、それは逆に不幸をもたらすものとなってしまいます。ですので、真実に目覚め、覚醒していることです。

そして自らを偉しとせず、謙虚にいて、絶えず自分を変えていく努力を重ねないといけません。

「自分は真実を知っている者だ」と過信し、まだ知らない方たちを見下したり、光の側なのだと慢心していると、そこに魔が忍び込んで、いつの間にか闇側に落ちてしまいます。

そのことに気付かずにいる者たちがどれほど多いでしょう！

もとはライトワーカーだったものが、いつの間にか闇に魅入られていることは往々にしてあります。だから謙虚に自らを省みる思いを絶えず持たなくてはなりません。

そして最後に、少しでも多く、世の中を明るくし、幸せな人を増やしたいとする、使命感を持っことです。

自分が生まれることで、少しでも世の中が明るく、よりよいものになっていくようにしなくてはならないのです。そうした世の中を照らす光となる使命感を抱くことが大切です。

このような思いを持っている人が、地球に光を灯す者となっていきます。

❾ 魂の覚醒のためのメッセージ

私たちの魂が覚醒するためのメッセージとして、大きく二つの真理をお伝えしています。

一つは、私たちの本質は魂であり、一時的にこの地上に宿ってきた存在だということ。

もう一つは、私たちを創造し育てられている、神仏という存在は、私たちを愛されており、愛が本質であるということ。

この二つが、肉体という鎧《よろい》に覆われた私たちの魂を覚醒させるために、必要な真理です。

一つ目の、私たちの本質は魂であるということは、どのような存在であっても、その本質は光であり、そのように見えない人であっても、それは光が覆われた状態にあり、本質が見えなくなっているだけだということです。

宝石も、原石のままだと、いろんな泥や岩などが付いていて、本来の輝きが見えません。磨いていって、その本質をあらわしてこそ、真実の姿が現れます。

すべての人が本質的には魂の輝きを秘めているということです。

私達も地上に生まれて来ることで、魂が肉体の牢獄の中に捕らわれ、本質を忘れてきました。真実の私たちの姿を思い出すのが、魂の覚醒となるのです。

私たちは肉体だけの存在などではなく、その内には光輝く魂が座しています。失われた私たちの本質を思い出すことこそ、魂の覚醒のメッセージです。


さらに、神仏が愛と慈悲の存在であり、私たちを無限に愛してくれているという真実です。真実の神仏というものは、私たちを愛しており、その成長を願われている存在です。ですので、一時期、人類に試練が訪れるように見えても、その奥には神仏の愛は流れています。長い歴史の中で、神仏の愛は止むことなくずっと流れ続けていたのです。そしてこれからもずっとそばにいます。

愛とは神仏から流れて来たものであり、進化の過程で偶然に人間に宿ったものではありません。もとより人の魂は神仏から分かれ出たことの印として、愛を知る心がすべての人に宿っているのです。

「愛なき者は、神を知らず、神は愛なればなり」という言葉があります。神仏が愛そのものであるならば、そこから分かれ出た私たちも愛を持たなければ、真に生きているとは言えません。

共に、この地球で暮らす仲間たちは、すべて根源の神仏の光から分かれてきました。みんなが魂の兄弟でもあるのです。だからこそ私たちは愛し合うことが大切だと知っています。そして神仏が愛であると悟ったなら、私たちはその証として周りの人々をも愛していかなくてはなりません。

愛とは奪うものではなく、与えるものです。見返りを求めない愛こそ本当の愛です。神仏が私たちのために魂の修行場として地球を創造され、そして長い歴史の中で絶えず人類を導かれ、私たちを愛してくださるのも、無償の愛の行為です。対価を求めているのではありません。対価を求めるのは地上の人間や組織だけなのです。

だから私たちも、神仏より与えられたものを少しでも恩返しするためにも、周りの人にやさしくし、愛をもって接することです。

まず私たちの本質が魂だと理解すれば、この世の利益ばかり求めたり、物に執着し過ぎたりせず、身軽になって生きることを心掛けるべきです。

人はこの世だけがすべてだと思うからこそ、自分のことだけを優先し、自分さえよければいいのだという思いに囚われます。我欲のままに、エゴイスティックになってしまいます。

しかし、私たちは魂が本質であり、来世の生き方もあると知っていれば、この世の欲ばかり追い求めるのではなく、心こそ清らかに生きることが大切だと知ります。

魂が本質だと知るからこそ、人は道徳的に生き、自分を磨いて生きるのです。

そして次に、神仏が愛だという真理を受け入れたなら、その証として、私たちも愛に生きなければならないのです。

神仏の愛を受け入れていると言っている人が、その実、愛の無い人であるならば、その人は本当に知っているとは言えません。真にそのことを知っていれば、私たちも愛の子として、他人に優しく接し、労りの思いをもって、愛の思いを持つものなのです。

そのように神仏は愛だと理解することは、自らも愛を持って生きようとする源になります。

それら二つは大切な真理であり、魂の覚醒のためには必要なメッセージとなります。

これらの真理を受け入れて、みなさまがこれからの時代を生きられるように願っています。

あとがき

ある寒い日の早朝に見た夢です。おしゃれなバーカウンターのような所に一人の男性が腰かけていました。その方は顎髭を生やしたダンディーな方です。

何かが印刷された紙を手に持ち、目を通してから、「本を出していいですよ」と私に答えられました。

そこで目が覚めると、その時まで書籍の出版をする気はなかったのですが、不意に「本を書いてみようか」という気持ちになりました。

それで思いついたアイディアを元に企画書を書き上げてみました。

夢のなかに出てきた男性について考えると、ある方を思い浮かべました。それは以前の出版にてお世話になった、徳間書店で担当していただいた橋上祐一様でした。そこで同氏にできた企画書を早速、送らせていただくと、出版してもよいというご返事をいただきました。同氏のご厚意により出版の運びとなりました。

もしも上記のような夢を見ていなければ、企画書を作って送ることもなく、この本は世に出ていなかったことでしょう。

ですので、この書籍の誕生も、夢で見たビジョンから生まれ出たものです。

不思議な出版となりましたが、おそらくは今の時代に出すべき本であったのだと思います。
どうかこの書が、みなさまの魂の糧となり、心の指針となることを願っています。

洪　正幸

2023年3月

◎出典

口語新約聖書（日本聖書協会、１９５４年版）
https://ja.wikisource.org/wiki/口語新約聖書

ノストラダムスwiki：ノストラダムスの大事典
https://w.atwiki.jp/nostradamus/

政治ブログ「太陽の国　日本」（洪正幸）
https://www.nation-of-the-sun.com/

◎参考文献・サイト

『宇宙の魂をもつ仲間たちへ：なぜ、あなたは地球に生まれてきたのか』洪正幸著、徳間書店

「Discovery of a novel coronavirus associated with the recent pneumonia outbreak in humans and its potential bat origin」新型コロナウイルスがコウモリコロナウイルスと96%一致を示す研究論文。論文の執筆者名には石正麗（シー・ツェンリ／Shi Zheng-Li）の名前がある。
https://www.biorxiv.org/content/10.1101/2020.01.22.914952v2

「EU、頻繁な追加接種に懸念　免疫低下の恐れも」日本経済新聞
https://www.nikkei.com/article/DGXZQOCB1220Y0S2A110C2000000/

繋ぐ会（ワクチン被害者遺族の会）
https://567kyusai.com/tsunagukai

ウイグル漫画日本語版まとめ（作者・清水ともみ）
https://note.com/tomomishimizu/m/me68470f9ccfa
「NATO東方不拡大、約束はあったのか『1インチ発言』与えた言質」朝日新聞
https://www.asahi.com/articles/ASQ4N3RW5Q48UCVL01X.html
『不確かさの時代の資本主義：ニクソン・ショックからコロナまでの50年』宮川公男著、東京大学出版会
『12大事件でよむ現代金融入門』倉都康行著、ダイヤモンド社
『薬害エイズの真相』広河隆一著、徳間文庫
「An infectivity-enhancing site on the SARS-CoV-2 spike protein targeted by antibodies」大阪大学の荒瀬尚教授を中心とした研究グループが新型コロナウイルス感染によって感染増強抗体が産生されることを発見した論文。 https://www.cell.com/cell/fulltext/S0092-8674(21)00662-0
『世界大恐慌 1929年に何がおこったか』秋元英一著、講談社学術文庫
『新円切替』藤井厳喜著、光文社
『サミット 一九四四年ブレトンウッズ交渉の舞台裏』エド・コンウェイ著、小谷野俊夫訳、一灯舎
『地磁気の逆転：地球最大の謎に挑んだ科学者たち、そして何が起こるのか』アランナ・ミッチェル著、熊谷玲美訳、光文社
「地磁気の逆転：高精度磁気・気候層序と地磁気の気候への影響」兵頭政幸著
https://www.jstage.jst.go.jp/article/jaqua/53/1/53_1/_pdf
「『4万2000年前の地磁気逆転が地球環境を大きく変化させた』との研究結果」松岡由希子筆、ニューズウィーク日本版 https://www.newsweekjapan.jp/writer/matsuoka/
『失われた王国：古代「黄金文明」の興亡と惑星ニビルの神々』ゼカリア・シッチン著、竹内慧訳、徳間書店

『ネフィリムとアヌンナキ：人類（ホモ・サピエンス）を創成した宇宙人』ゼカリア・シッチン著、竹内慧訳、徳間書店
「脳への電気刺激とサヴァン症候群の潜在能力を引き出せるか（Unlock Your Inner Rain Man by Electrically Zapping Your Brain）」オーストラリアのシドニー大学スナイダー教授の研究についての記事。
https://www.wired.com/2012/07/unlock-inner-savant/
「Schumann resonances（シューマン共振）」
https://en.wikipedia.org/wiki/Schumann_resonances
『いま世界を動かしている「黒いシナリオ」：グローバリストたちとの最終戦争が始まる！』及川幸久著、徳間書店
『アポカリプス666：現代最高の予言者』ジーン・ディクソン著、高橋良典訳、自由国民社
『アステカ王国の生贄の祭祀：血・花・笑・戦』岩崎賢著、刀水書房
『新版 古事記 現代語訳付き』中村啓信訳、角川ソフィア文庫
『マハーバーラタ』山際素男訳、グーテンベルク21
『ラーマーヤナ』ヴァールミーキ著、阿部知二訳、グーテンベルク21
『悪魔の事典』フレッド・ゲティングズ著、大滝啓裕訳、青土社
『一九八四年〔新訳版〕』ジョージ・オーウェル著、高橋和久訳、早川書房
「未来の技術と国際的発展に関するシナリオ（Scenarios for the Future of Technology and International Development）」ロックフェラー財団
https://archive.org/details/scenarios-for-the-future-of-technology-and-international-development-rockefeller-foundation-2010

「新型コロナワクチン接種後に生じた遷延性水痘帯状疱疹ヘルペス感染症の皮疹部にワクチンmRNAがコードするスパイク蛋白が存在した（Persistent varicella zoster virus infection following mRNA COVID-19 vaccination was associated with the presence of encoded spike protein in the lesion）」研究論文
https://onlinelibrary.wiley.com/doi/10.1002/cia2.12278
『エジプト神イシスとオシリスの伝説について』プルタルコス著、柳沼重剛訳、岩波文庫
『アカシャ年代記より』ルドルフ・シュタイナー著、高橋巌訳、国書刊行会
『ノストラダムスの大予言：迫りくる1999年7の月、人類滅亡の日』五島勉著、祥伝社
『ヘルメス文書』荒井献、柴田有訳、朝日出版社
『原爆と原発　ホピの聖なる預言：地球から日本人への緊急メッセージ』小原田泰久著、学研プラス
『〈魂の叡智〉日月神示：完全ガイド&ナビゲーション』中矢伸一著、徳間書店
『発見！ユダヤ人埴輪の謎を解く』田中英道著、勉誠出版
『ユダヤアークの秘密の蓋を開いて日本から《あわストーリー》が始まります』香川宜子著、ヒカルランド
『プラトン全集〈4〉パルメニデス ピレボス』プラトン著、田中美知太郎訳、岩波書店
『プラトン全集〈12〉ティマイオス・クリティアス』プラトン著、種山恭子、田之頭安彦訳、岩波書店
『新版 動的平衡：生命はなぜそこに宿るのか』福岡伸一著、小学館新書
『方法序説』ルネ・デカルト著、谷川多佳子訳、岩波文庫
『われわれは仮想世界を生きている：AI社会のその先の未来を描く「シミュレーション仮説」』リズワン・バーク著、竹内薫監修、二木夢子訳、徳間書店

〔オンラインサロン〕宇宙の兄弟たちへ@スピリチュアルスクール
https://lounge.dmm.com/detail/1377/

〔ブログ〕宇宙の兄弟たちへ@スピリチュアルブログ
https://www.spacebrothers.jp/

■著者略歴
洪　正幸（おおみず・まさゆき）
「宇宙の兄弟たちへ@スピリチュアルブログ」を主宰するブロガー。2012年に開設したブログは、月間100万アクセスを超える人気ブログとなっている。オンラインサロン「宇宙の兄弟たちへ@スピリチュアルスクール」の主宰者でもある。
人生に行き詰まり「絶望の淵」を歩んでいる時、一瞬にして人生の気づきと世界に愛の波動を感じる不思議な体験をする。それにともない、数々の霊的体験を経て、自分に降りてくる真実のメッセージを世の中に伝えようとブログを開設。読んでいるだけで見えない存在の加護を感じると多くの支持を得ている。またリーディングやヒーリングを通して、これまで数百件以上の問題解決の手助けをしている。
著書に『宇宙の魂をもつ仲間たちへ』（徳間書店）、『天に守護され、運命が好転するスピリチュアル』（PHP 研究所）がある。

〔オンラインサロン〕宇宙の兄弟たちへ@スピリチュアルスクール
https://lounge.dmm.com/detail/1377/
〔ブログ〕宇宙の兄弟たちへ@スピリチュアルブログ
https://www.spacebrothers.jp/

アースチェンジ――近未来の警告書
地球が生まれ変わった時、人類も変われるか

第1刷　2023年3月31日
第2刷　2023年4月25日

著　者　洪　正幸
発行者　小宮英行
発行所　株式会社徳間書店
東京都品川区上大崎3-1-1 目黒セントラルスクエア
郵便番号141-8202
電話 編集(03)5403-4344　販売(049)293-5521
振替 00140-0-44392
印刷・製本　大日本印刷株式会社

ISBN978-4-19-865607-2